Superjugos

– nueva cocina natural –

Claudia Antist

DELICIOSOS JUGOS DE FRUTAS Y VERDURAS PARA TU SALUD

Superjugos

Bebidas refrescantes, sanas, naturales y energéticas

Plan semanal para desintoxicar y adelgazar con jugos

Jugoterapia: cómo curan los jugos

Combinaciones para las cuatro estaciones

OCEANO AMBAR

Superjugos
© Claudia Antist, 2002, 2004

Proyecto, textos y recetas adicionales: Rodolfo Román
Fotografías: Becky Lawton, M&G Studios, Cristina Reche,
　　　　　archivo Océano Ambar, archivo RR, Interstampa
Diseño de cubiertas: P&M

© Editorial Océano, S.L., 2004
Grupo Océano
Milanesat, 21-23 – 08017 Barcelona
Tel.: 93 280 20 20* – Fax: 93 203 17 91
www.oceano.com

Derechos exclusivos de edición en español para todos los países del mundo.

ISBN: 84-7556-312-0
Depósito Legal: B-17095-XLVII
Impreso en U.S.A. - Printed in U.S.A.

9000208010404

Índice

Cómo disfrutar más de los jugos

¿Quién no ha exprimido alguna vez unas naranjas? Un jugo de apio, berros y tomate es también sencillo de preparar, pero puede complicarse si se olvidan algunos consejos, así que vamos a ver primero en esta sección todo lo que conviene saber antes de preparar vuestros jugos. Los **utensilios**, algún **ingrediente** especial, qué hacer con la pulpa... es decir, toda clase de **trucos y consejos**.

Por qué beber jugos

CADA VEZ COMEMOS MÁS, PERO...
¿NOS ALIMENTAMOS MEJOR?

Cada vez comemos más, pero cada vez tenemos menos que ver con lo que comemos. Crece la presencia de nuevos sabores y experiencias gastronómicas más o menos exóticas, pero la comida de cada día, la que configura cómo somos, suele ser en forma de congelados o bien está repleta de aditivos y saborizantes. La materia prima, el fruto de la tierra cosechado industrialmente, ha perdido todo su sabor. El «fruto» en un sentido general: sean hortalizas y verduras, cereales o legumbres, o la fruta propiamente dicha.

Suele recurrirse a tópicos como: «es una consecuencia del actual ritmo de vida...». Es cierto, pero también lo es el que podemos cambiar. Podemos introducir lentamente pequeñas mejoras que beneficiarán nuestra salud y bienestar a medio y largo plazo.

El actual ritmo de vida favorece una paradoja: desde su origen en el campo, las frutas y verduras nos llegan cada vez con más restos de productos químicos nocivos o han sido recogidas muy poco maduras, con lo que, además de un sabor insípido (apenas poseen sus ricos azúcares y componentes naturales), no suelen aportar la vitalidad que deberían.

¿Qué tienen que ver los jugos con todo esto?

En la comida habitual cada vez están más presentes los platos preparados, es decir, que cada vez hay una mayor cantidad de ingredientes artificiales en lo que comemos. Por otra parte, entre todos estamos entrando en una espiral de sabores extremos: todo es, y va en aumento, mucho más dulce o más salado... Ese exceso de saborizantes, a menudo artificiales, se añade a esa endiablada espiral que nada bueno aporta a la salud, del mismo modo que las temperaturas extremas: partimos de productos congelados, sopas al límite de quemarnos el paladar o bebidas cada vez más heladas.

Parece difícil encontrar tiempo para cocinar o para consumir el agua que nos pide el cuerpo, de modo que suelen reemplazarse por bebidas o refrescos cargados de azúcar que nos ayudan a pasar el día. Y nuestro organismo, al no estar preparado para funcionar con este tipo de energía vacía, nos avisa con señales de fatiga, así que acabamos agotados y hambrientos... Y cocinando o tomando comidas rápidas y poco nutritivas. Es como un pez que se muerde la cola, pero no tiene por qué ser así. Porque ahí entran los jugos de fruta y verdura frescos:

Los JUGOS benefician todo el organismo:

Huesos. El nabo posee un alto contenido en calcio, por lo que su jugo es especialmente bueno para niños en crecimiento.

Páncreas. Las coles de Bruselas aportan elementos necesarios para producir insulina, por lo que son recomendables en los casos de diabetes.

Aparato digestivo. El melocotón y la ciruela ayudan a prevenir el estreñimiento. El albaricoque es antidiarreico y astringente. El apio facilita la digestión. Las espinacas limpian y regeneran el tubo digestivo.

Sangre. La remolacha estimula la formación de glóbulos rojos, alcaliniza y enriquece la sangre.

Corazón. La uva, la manzana, el limón, la lima y el ajo, entre otros, poseen excelentes propiedades que refuerzan el corazón.

Hígado. La col protege el hígado y combate las infecciones. Los minerales contenidos en la remolacha benefician el hígado y la vesícula biliar.

Riñones y vegiga. La sandía, la uva y los arándanos depuran los riñones y vías urinarias. Los espárragos estimulan los riñones e intestinos.

Cabeza. El jugo de apio alivia el dolor de cabeza. El de kiwi, como el de albaricoque y el de mango, son idóneos para aliviar la fatiga, el estrés y la fiebre. La uva es sedante y ayuda a conciliar el sueño.

Cabello. La lechuga, gracias al silicio que contiene, revitaliza el cabello y la piel. También el pepino y el pimiento dan salud y vitalidad al cabello, piel y uñas.

Ojos. El hinojo está indicado para las afecciones de ojos y contra las migrañas. La zanahoria es beneficiosa para la vista.

Piel y cutis. La zanahoria, el boniato y el aguacate contienen las vitaminas necesarias para una piel sana.

Garganta y laringe. El jugo de la piña y el del jengibre son eficaces contra la faringitis y suavizan las cuerdas vocales.

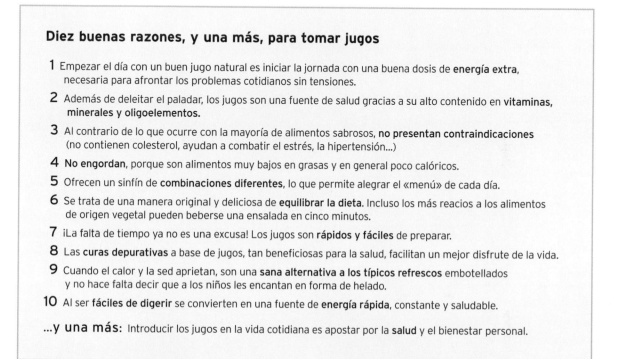

Diez buenas razones, y una más, para tomar jugos

1 Empezar el día con un buen jugo natural es iniciar la jornada con una buena dosis de **energía extra**, necesaria para afrontar los problemas cotidianos sin tensiones.

2 Además de deleitar el paladar, los jugos son una fuente de salud gracias a su alto contenido en **vitaminas, minerales y oligoelementos.**

3 Al contrario de lo que ocurre con la mayoría de alimentos sabrosos, **no presentan contraindicaciones** (no contienen colesterol, ayudan a combatir el estrés, la hipertensión...)

4 **No engordan**, porque son alimentos muy bajos en grasas y en general poco calóricos.

5 Ofrecen un sinfín de **combinaciones diferentes**, lo que permite alegrar el «menú» de cada día.

6 Se trata de una manera original y deliciosa de **equilibrar la dieta**. Incluso los más reacios a los alimentos de origen vegetal pueden beberse una ensalada en cinco minutos.

7 ¡La falta de tiempo ya no es una excusa! Los jugos son **rápidos y fáciles** de preparar.

8 Las **curas depurativas** a base de jugos, tan beneficiosas para la salud, facilitan un mejor disfrute de la vida.

9 Cuando el calor y la sed aprietan, son una **sana alternativa a los típicos refrescos** embotellados y no hace falta decir que a los niños les encantan en forma de helado.

10 Al ser **fáciles de digerir** se convierten en una fuente de **energía rápida**, constante y saludable.

...y una más: Introducir los jugos en la vida cotidiana es apostar por la **salud** y el bienestar personal.

Las frutas y las verduras son un elemento esencial en la alimentación de cada día y es imprescindible que los comamos en cantidad suficiente. Los jugos de frutas y verduras dan energía y, aparte de su exquisito sabor, si se combinan con una dieta nutritiva y equilibrada poseen grandes cualidades depurativas, regeneradoras y revitalizantes.

Este libro pretende ser una invitación, lo más sabrosa posible, a iniciar un pequeño cambio en el modo de alimentarnos, comenzando por el alimento líquido, lo que bebemos. Al final se incluye más información para los que quieran proseguir en ese camino. Os dejamos pues con el libro, con un brindis tópico, pero no por ello menos cierto: ¡A vuestra salud!

Los utensilios

El nombre de los utensilios

Téngase en cuenta que lo que en España conocemos como «licuadora» en América es el exprimidor tipo «robot de cocina». Además, aquí conocemos como «batidora» tanto a la de brazo (tipo «pimer») como a la de vaso (tipo «túrmix»). Finalmente el exprimidor tradicional, tanto manual como eléctrico, se suele reservar para los cítricos.

Hemos optado por incluir, en todas las recetas en que nos ha sido posible, una silueta de los utensilios a emplear. La idea no es otra que facilitar visualmente la preparación de las recetas, todas ellas sencillísimas.

Electrodomésticos en la cocina

No necesitaréis tantos electrodomésticos como parece. Además, con un poco de práctica y sentido del orden podréis preparar toda clase de jugos o batidos en no mucho más de cinco minutos. Y lavar a continuación todos los utensilios no os llevará mucho más de **tres minutos**. Ya veréis cómo, además de resultar fácil y sencillo os llevará muy poco tiempo. Y el resultado es algo que siempre agradecerán vuestros familiares y amigos.

Cada cual prefiere unos u otros utensilios (no muchos). Por ejemplo, a mí me encanta el **pelador rápido** de patatas, que es muy asequible y supone una buena ayuda para preparar las zanahorias sin tener que lavarlas y sin el engorroso e imperfecto rascado tradicional.

Olvidáos de la publicidad: no hay por qué complicarse la vida con espectaculares robots de cocina. No existe una milagrosa «máquina única» que todo lo resuelve. Para las recetas de este libro lo mejor es disponer de tres pequeños electrodomésticos, ninguno de ellos excesivamente caro: **batidora, exprimidor** y **licuadora**.

Utilizaremos uno, dos o los tres a la vez, según los requerimientos de cada receta. Seguramente ya tenéis alguno de ellos en casa, pero si tuviéramos que elegir uno sólo, éste sería la **batidora** de vaso, que siempre da una textura fina y más completa al jugo, y conserva toda la pulpa, rica en fibra.

En cuanto al **exprimidor**: si te sientes fuerte, puedes utilizar las manos; luego tienes los clásicos exprimidores de cristal o de plástico y finalmente los eléctricos. De entre todos los que hemos probado el mejor es, con ventaja, el modelo clásico de la casa Braun.

Licuadora

La licuadora es la protagonista del actual auge de los jugos para la salud. Se ha convertido en un pequeño electrodoméstico casi imprescindible para los amantes de los jugos. Verás que hay licuadoras («jugueras») de todas las formas, tamaños y precios, y hoy en día los mejores modelos están al alcance de todos los presupuestos. Recomendamos elegir los modelos clásicos: suelen ser más robustos y con un diseño de probada eficacia. Si sueles preparar jugos a diario, es importante que tenga un motor potente, así será más fácil triturar las frutas y verduras de consistencia dura.

Así que preferimos los modelos clásicos de Moulinex o Taurus al de Kenwood (que de todas formas también es una buena marca). Su licuadora es robusta, pero algo más complicada.

Las licuadoras centrifugan y filtran el líquido resultante de los alimentos que introducimos previamente, presionándolos sobre su ralladora circular, eso es todo.

Conviene limpiar la licuadora a menudo. Ésta dispone de un recipiente para recoger la pulpa entre un jugo y otro, y tendremos que desmontarla para extraer la pulpa en cada ocasión. Por eso conviene prestar atención a cómo se desmonta la licuadora al elegir el modelo. ¿Su desmontaje es fácil y práctico? Olvídate de si puede ir o no al lavavajillas. Lo mejor es pasarle agua y limpiarla justo después de cada uso. Dos o tres minutos y listo. Y recordemos el aforismo de los naturistas latinos, tan amantes del café: «Utiliza tu juguera más que tu cafetera».

El resto de utensilios

Pelador

No es sólo la pectina; muchas de las mejores sustancias de las frutas y verduras se encuentran justo debajo de la piel, así que, si no hay más remedio que pelarlas, lo mejor es hacer un

pelado lo más fino posible. Hay frutas que se pueden poner en la batidora sin pelar, pero para aquellas que deben pelarse, lo esencial es un buen pelador afilado. Ya hemos recomendado antes el pelador rápido (ver foto).

Cuchillo afilado

Conviene disponer como mínimo de un cuchillo pequeño y afilado y mejor si son dos. Por ejemplo, el clásico cuchillo «patatero» y otro, de hoja más larga.

Muchas frutas, y sobre todo las verduras, tienen la piel más bien gruesa y notaréis las ventajas de estar bien equipados.

Tabla para cortar

Prefiero las de madera a las de plástico aunque sean más alegres. Para evitar que la tabla resbale se suele colocar un paño húmedo debajo.

17

Cepillo de fregar pequeño para verduras
Hay frutas y verduras que se pueden dejar con piel, pero entonces hay que lavarlas a fondo y, en algunos casos, frotarlas con un cepillito.

Cucharas y espátulas
Prefiero los de madera e incluso los de plástico a los metálicos. Se puede guardar alguno para uso exclusivo de los jugos.

Colador
Vale la pena elegir los mejores, de acero inoxidable y mango resistente. Es preferible que el tamiz no sea excesivamente fino. Mejor que sea de abertura mediana, ya que así dejará pasar con facilidad algo más que el mero líquido.

Jarra para medir
Una jarra con medidas de líquido grandes y claras sirve para obtener unas buenas proporciones. Y, puesto que con la práctica cada vez mediréis menos, os podrá servir también como… contenedor para el jugo final.

Rallador
Elegid uno de acero inoxidable y mejor independiente de cualquier otro robot o cacharro. Utilizaremos un cepillo de repostería bien limpio para eliminar la cáscara cítrica que quede

en el rallador; de ese modo, se obtiene el máximo de cáscara y facilitas su limpiado. Insistiremos siempre en que la piel de los cítricos, si no son de cultivo ecológico, debe **imprescindiblemente** limpiarse antes, y muy **a fondo**.

Limpieza

Lavar con agua las herramientas utilizadas en la preparación de jugos no entraña ninguna complicación y es más cómodo que en otros casos, porque se trata de productos naturales que apenas contienen grasas. Hay que tener la precaución de desenchufar los aparatos eléctricos antes de desmontar y limpiar.

Como hemos dicho, va muy bien disponer de uno o dos cepillitos para los orificios del rallador y la rejilla o filtro de los aparatos eléctricos (conviene eliminar cualquier residuo de pulpa).

Se pasará un trapo húmedo por las partes que no puedan mojarse, como por ejemplo la que contiene el motor. Una vez limpios, y antes de guardarlos, secaremos todos los utensilios.

Tened en cuenta que, a pesar del lavado habitual, algunas hortalizas de color intenso (¡muy ricas en antioxidantes!), como la zanahoria o la remolacha, pueden dejar las piezas de plástico (por lo general de color blanco) levemente

teñidas. No hay que obsesionarse con ello, pero, de vez en cuando, se pueden sumergir en una disolución de agua y unas gotitas de lejía durante 1-2 horas. Después, se aclaran con abundante agua fría. De esta forma, tenderán otra vez a adquirir su tono original.

Una buena limpieza y conservación de los utensilios alarga la vida de los mismos a la vez que garantiza una buena elaboración de nuestros jugos.

19

Antes de empezar...

Cómo y cuándo

Siempre frescos, recién exprimidos

Gran parte de sus vitaminas (en especial la vitamina C) y minerales se pierden rápidamente al entrar en contacto con agentes externos como la luz, el oxígeno o el calor, modificando no sólo el poder nutritivo del alimento sino también su color y sabor. Todos hemos observado cómo las manzanas, a los pocos minutos de pelarlas, adquieren el tono marrón de la oxidación.

Cuanto más se tarda en beber el jugo, más beneficios se desperdician. Si excepcionalmente hubiera que preparar el jugo con antelación, se le pueden añadir unas gotitas de limón, que ayudarán a conservarlo un poco más, aunque el limón sólo retrasa el proceso de deterioro.

Así que, aunque no lo repitamos a cada momento y en cada receta, se entiende que todos los jugos descritos en este libro son **frescos y recién preparados**. Esto no sólo se refiere al tradicional jugo de naranja, sino al jugo de tomate o de cualquier otro alimento.

Algunos ingredientes (hierbas aromáticas, dátiles, especias) suelen utilizarse secos o desecados, y en algún caso (se indica) rehidratados.

Pero tened siempre en cuenta esta regla de oro: los jugos deben tomarse de **inmediato** y **no se deben guardar** (ni, por supuesto, calentar).

El mejor momento

Uno de los mejores momentos para tomar jugos es en ayunas, o veinte minutos antes de ingerir alimentos. También entre comidas, pero mejor sin una digestión pesada en ese momento.

Nunca deben tomarse después de comer, ya que suelen complicar la digestión. En general, por la mañana son aconsejables los jugos de cítricos, mientras que por la noche se recomiendan los de hortalizas, por su efecto sedante. Un jugo de lechuga, manzana y apio, por ejemplo, nos ayudará a conciliar el sueño.

Mejor uno al día

Si uno no está acostumbrado a beber jugos, al principio debe irlos incluyendo progresivamente; por ejemplo, uno al día. Al principio conviene no hacer demasiadas mezclas y empezar con los más suaves, como el de manzana o el de zanahoria. Al cabo de unos días se puede aumentar la cantidad y probar alguno un poco más fuerte.

Un ejemplo puede ser la combinación de naranja y pomelo, o los de alguna verdura, sola o combinada con fruta. Cada uno ha de adecuar la cantidad y el tipo de jugo a sus gustos personales.

Recetas y cantidades

Más de cuatro vasos de jugo al día sería excesivo. Se considera que entre dos y cuatro vasos pueden ser un buen complemento dietético, excepto en caso de ayuno. Si se trata de un ayuno o de una cura depurativa a base de líquido, la cantidad puede llegar a aumentar hasta entre 2 y 4 litros diarios, pero en este caso es mejor el consejo del terapeuta especializado.

Todas las recetas de este libro han sido comprobadas, y muchas proceden de orígenes o de lugares muy diversos. Hemos tendido a unificar criterios y a la vez presentároslas tal cual, con la única unificación de medidas para los ingredientes (se han descartado las onzas, las «tazas» norteamericanas, o las «partes», tan comunes entre los *barman*). En alguna receta se incluye un pequeño comentario, a modo de «observaciones del chef».

Alguno de los **ingredientes crudos** puede sorprender a primera vista, pero todo es cuestión de probar e ir seleccionando los sabores preferidos e ideales para cada persona.

En cuanto a las **cantidades**, lo ideal es que poco a poco, y con la práctica diaria, podáis preparar vuestros propios jugos con sólo dar un vistazo a las frutas y hortalizas disponibles en la cocina.

Todas las cantidades que damos suelen ser orientativas; ya veréis cómo, con un poco de práctica, prepararéis los ingredientes de vuestros jugos intuitivamente. Además, no deja de ser extraordinaria la capacidad de permanente sorpresa que pueden deparar al paladar los miles de sabrosísimas combinaciones que se obtienen con sólo variar un poquito las cantidades o alguno de los ingredientes.

En general, todas las cantidades son para 1-2 personas si no se indica lo contrario.

Todas las recetas en las que no aparece un ingrediente ya líquido se pueden preparar en licuadora, y muchas también en batidora de vaso.

Agua y hielo

Con gas o sin gas, muchos le añaden agua mineral a sus jugos. Es menos recomendable, porque se reduce el sabor y sus propiedades. Además, el agua mezclada con la fruta (sobre todo si se trata de fruta dulce) convierte el resultado en algo menos digestivo.

Las recetas con agua resultan mejor en verano y ofrecen tres ventajas: 1) facilidad para el

trabajo de la batidora; 2) se obtiene bebida más ligera, y 3) cierta economía. Hemos incluido unas cuantas de esas recetas en este libro; recordemos, en todo caso, que en todas ellas es muy fácil sustituir el agua por jugo de fruta (generalmente de naranja o de manzana).

En cambio sí se suele utilizar un chorrito de agua para extraer un poco más de contenido de la licuadora, al final del paso de cada ingrediente. Para el hielo vale lo mismo que decimos para el agua. Si queréis darle un tono más vistoso alguna vez, se podría incluir un poquito de hielo picado; pero en general (y en contra de la actual tendencia de la industria alimentaria) no conviene abusar, desde el punto de vista de la salud, de sabores ni de temperaturas extremas.

Protege tus dientes

Si se tienen problemas con el esmalte dental, es mejor tomar los jugos ácidos (limón, naranja, pomelo...) con una pajita para evitar así dañar los dientes.

Sabor tropical

Incluimos un apartado específico de fruta tropical, aunque a lo largo del libro aparecen ingredientes tropicales en otras recetas. Para encontrar recetas con una fruta concreta basta con que consultéis el índice final por ingredientes.

Lo que pones es lo que recibes

Esta advertencia es **importante** y vale para todos los jugos que se preparen, con cualquier utensilio o electrodoméstico, y mucho más si se obtienen mediante la licuadora:

La **calidad** de los alimentos que se utilizan para obtener el jugo **es la que se obtiene** al final, dentro del vaso. ¿Que por qué recordamos algo tan evidente?

Pues porque, así como al exprimir un jugo, o al echar la fruta en la batidora, solemos estar muy atentos a que esté bien limpia y pelada, las facilidades que ofrece la licuadora, entre otras cosas porque no se tiene que pelar la fruta, suelen relajar un poco los criterios más esenciales de higiene.

A veces puede «colarse», sin que nos demos cuenta, fruta estropeada, o con un moho que, al mezclarse, arruinaría el resto del jugo, tanto el ya preparado como lo que falte por preparar.

Así que conviene recordar **siempre** que hay que **limpiar y preparar bien todos los alimentos** (da igual que sean para exprimir, licuar o batir), y, por descontado, eliminar sin contemplaciones cualquier parte que se vea excesivamente madura o estropeada.

Experimentar nuevos sabores

Insistimos: uno de los errores al estrenar la licuadora es el querer correr demasiado al experimentar el sabor en jugo de nuevos ingredientes, muy especialmente los de **hortalizas y verduras crudas.** Conviene ser un poco prudentes e ir reacostumbrando al paladar a esas sensaciones olvidadas.

Por ejemplo, el jugo de patata cruda es ideal para reparar, de forma natural, la úlcera de estómago. Pero no por eso todo el mundo (¡agh!) tiene que experimentar su sabor...

Muchas verduras poseen una fuerte personalidad, como denota el sabor concentrado de su jugo obtenido de la licuadora. Por eso hemos de recordar que todos los superjugos que recogemos en este libro suponen un modesto, pero poderoso, cambio dietético. Y ese cambio

puede llegar a ser revolucionario, pero los cambios rápidos no duran. Recordad: poco a poco. Lo disfrutaréis mejor.

Zumos y jugos

En América todo el mundo los conoce como «jugos», y en España, aunque se utilizan a menudo indistintamente «zumos» y «jugos», solemos usar esta última palabra cuando la bebida final es más espesa. Por ejemplo, aquí hablamos de «zumo de limón» y de «jugo de melocotón». En general, los lectores latinoamerocanos podrán pues leer «jugos» en este libro, excepto en alguna receta (muy pocas) en las que aparecen ambas palabras para matizar mejor la explicación.

Sin azúcar

En España son pocos los lugares donde se puede beber un jugo fresco y fiable. Aunque los preparen a la vista, en algunas tiendas les añaden un exceso de hielo o agua, y en otras el nocivo azúcar blanco, bien sea directamente o bien utilizando más o menos disimuladamente trozos de fruta enlatada (conservada en almíbar). En otras, peor aún: le añaden de todo: demasiado hielo y demasiado azúcar. Y todo esto como consecuencia del problema de la recolección de la fruta demasiado verde, antes de su maduración en el árbol. La fruta bien madurada es rica en azúcares naturales, y su jugo, además de saludable, resulta mucho más sabroso sin necesidad de añadirle endulzante alguno.

Alimentos de temporada y «orgánicos» (de cultivo biológico)

Lo mejor es consumir **productos de temporada** y, a ser posible, cultivados en la misma región donde uno vive, ya que de este modo se acorta el número de días entre su recolección y el consumo. Además, al evitar costes de transporte y almacenaje, se podrá disfrutar del máximo sabor a buen precio.

No está de más elegir un proveedor de confianza; a menudo, los mismos agricultores venden sus productos en los mercados municipales y pueden informar de cómo han sido cultivados y cuántos días hace que fueron recolectados.

Además, siempre insistiremos en ello, conviene elegir las mejores frutas y verduras, que son, siempre que sea posible, las de **cultivo biológico** («orgánicas»). Hay que optar, siempre que se pueda, por los **productos biológicos** ya que, aunque a veces son un poco más caros y tienen peor aspecto, son mucho más saludables. Pensad que una parte importante del contenido en fibra de frutas y verduras se encuentra en la piel. En el cultivo convencional se emplean potentes pesticidas y productos químicos para combatir las plagas de las cosechas. La mayor parte de estos componentes se quedan **adheridos** en la parte exterior de los alimentos (hojas o piel) y muchos no se eliminan con el agua.

Por eso siempre se recomienda desechar las hojas exteriores (las más verdes y ricas en vitaminas y minerales) o bien pelarlas. En cambio, si se tiene la seguridad de que su cultivo ha sido biológico, se podrán licuar las frutas y verduras enteras sin temor a dañar la salud.

Al escoger las frutas y hortalizas, es mejor que deséchéis las que veáis partidas (la mayoría de vitaminas y minerales se pierden en contacto con el aire) y las que anden muy expuestas en la calle (estarán sometidas a un grado más alto de contaminación). Desconfiad también de las que presenten un aspecto demasiado brillante porque suelen llevar ceras para que parezcan más apetecibles, y estas ceras son difíciles de eliminar por el organismo.

Nadie dispone de mucho tiempo para hacer la compra, pero lo mejor es hacer una lista y comprar lo justo, ya que los productos naturales son perecederos y tienen fecha de caducidad. Es muy fácil, con un poco de práctica: basta con programar las comidas de la semana y una lista de los ingredientes a utilizar.

Antes de guardarlos

Al llegar a casa lo mejor es lavar los ingredientes antes de guardarlos en la nevera o el frigorífico. No es aconsejable dejar los alimentos en remojo, ya que pierden parte de sus propiedades, como se puede comprobar fácilmente con las lechugas.

Las frutas y verduras se pelarán y trocearán justo en el momento de elaborar el jugo, nunca antes.

Jugos de verduras diluidos

Los jugos de hortalizas y verduras son, en general, mucho más fuertes de sabor y de contenido; por eso, es mejor diluirlos con agua o usar jugo de manzana o de zanahoria para rebajarlos. Los llamados «jugos verdes» (espinaca, brécol, lechuga, etcétera) nunca deberán tomarse solos, sino diluidos de la manera indicada, siguiendo la proporción de una parte de jugo verde por tres de otro más suave.

27

Si el jugo exprimido resulta demasiado espeso, puede igualmente aligerarse con un poco de jugo de limón o con los jugos «comodín» (porque en general combinan bien con todo) de manzana y zanahoria.

Hay que ser atrevidos para encontrar los sabores que mejor se adapten a los propios gustos personales (ácidos con dulces, aromáticos con insípidos, frutas con hortalizas...), ¡sin experimentar con los amigos! Si con todo el sabor aún resulta demasiado fuerte, siempre queda la alternativa de añadir azúcar de caña o miel, aunque teniendo en cuenta que se trata de mejorar el jugo, no de disfrazar el sabor original.

Germinados

Veréis que los jugos de germinados aparecen varias veces en este libro. Son menos conocidos, pero resultan extraordinariamente nutritivos y curativos.

Cómo licuar germinados sin problemas: envolvedlos en una hoja de lechuga antes de introducirlos en la licuadora.

Mezcla de sabores

Si se están elaborando varios tipos de jugos (de fresas, de melón, de apio...) uno detrás de otro, hay que tener en cuenta que los sabores de unos y otros pueden acabar mezclándose.

Para evitarlo, se pueden lavar todas las piezas de la licuadora cada vez que se acaba de licuar uno y antes de empezar con el siguiente. Pero disponemos de una alternativa más práctica y menos trabajosa: licuar una manzana entre jugo y jugo y dejar que el propio líquido arrastre todos los demás sabores.

El arte de seducir al paladar

Los colores vivos y llamativos de los jugos se prestan a mil y una combinaciones que resaltan su atractivo, y que seducirán a los que todavía no han probado recetas como la del jugo de espinacas, por ejemplo.

Podemos utilizar trucos sencillos, como servirlos en vasos originales o copas llamativas. También hay a quien le gusta añadir una hojita de menta o de perejil en el momento de servir. O decorar el borde del vaso con una rodajita, bien de naranja o limón, o bien, más original, con nuevos ingredientes. También hay jugos que pueden servirse en su propia cáscara (previamente lavada) como son los de coco, naranja o aguacate...

Veteados deliciosos y saludables

Añadirle al cóctel de frutas una cucharada de puré de fresas o frambuesas le dará un punto aceptable de sofisticación. Por su mayor densi-

dad se hundirá hasta el fondo de la copa, dejando tras de sí unas originales vetas rojas.

También puede incorporarse al jugo una clara de huevo batida; una vez vertido el jugo en la copa o vaso, y tras unos instantes, la clara subirá a la superficie y le dará un aspecto muy espumoso.

Tampoco hay que olvidarse de los niños: en verano podemos sustituir los helados industriales que venden en las tiendas y que, por lo general, contienen importantes dosis de colorantes, por, repetimos, deliciosos «polos» helados de jugos.

«Néctar» no es el néctar

No queremos extendernos acerca del poco interés que para la salud poseen las bebidas envasadas con el nombre de jugos, muchos de ellos preparados añadiendo agua a meros concentrados de fruta (incluso azúcar o conservantes). Baste decir que nada tienen que ver con el jugo fresco, **recién preparado**, con todas sus vitaminas y propiedades, y que se bebe a continuación de obtenerlo.

En España, el caso de las bebidas preparadas bajo el nombre de «néctar» es fatal, porque, bajo el amparo de la legislación, se tergiversa

29

un hermoso concepto (que tradicionalmente designa la esencia, la «ambrosía» del mundo vegetal), para amparar una bebida a base de agua, azúcar... y un porcentaje mínimo de fruta. Si en este libro aparece la palabra «néctar», es para recuperar su original sentido poético clásico.

Sopas, salsas y aliños

Alguno de los jugos básicos de verduras y hortalizas puede servir también para preparar sopas, salsas y aliños jugosos. Sobre las sopas os recomendamos el libro *Sopas Bar* (originariamente titulado *Supersopas*), en esta misma colección.

En cuanto a las salsas, los jugos también forman la base de unos aliños excelentes para acompañar gran variedad de platos: una buena ensalada verde, patatas asadas al horno, pasta... Es un capítulo que formará parte de otro libro de esta serie (en preparación).

¿Recetas sabrosas o recetas terapéuticas?

Ambas. Conviene tener siempre presente la conocidísima máxima hipocrática: «*Que los alimentos sean tu medicina, y que tu medicina sea el alimento*». Pero es cierto que existen jugos más «**festivos**», junto a otros más decididamente «**curativos**».

En este libro hemos combinado todo tipo de recetas. Todas ellas resultan tonificantes y energéticas, pero unas son más festivas y otras, no menos deliciosas, poseen un marcado acento terapéutico.

Recordad que, en general, cuanto más **sencillas** sean vuestras combinaciones, mucho mejor. Y que, según la Medicina Tradicional China, los jugos de fruta muy yin (como el melón o la naranja, por ejemplo) pueden desequilibrar el organismo porque sobrecargan el trabajo del bazo y no favorecen su función. Por eso, en este sentido, los mejores jugos serán los de manzana, pera o zanahoria, por ejemplo.

Eso, en cuanto a los jugos desde el punto de vista curativo. Pero no hay que alarmarse, porque todo se puede adaptar. Por ejemplo, si alguien nota que su estómago es demasiado delicado para asimilar un buen vaso matutino con el jugo recién exprimido de tres naranjas, bastará con equilibrarlo preparándose un vaso con la mitad de jugo de zanahoria y la otra mitad de jugo de naranja.

O sustituir naranjas por mandarinas y medio pomelo. O... ¡No hay excusa! ¡Todos pueden DISFRUTAR!

¿Qúe hacer con la pulpa?

Una vez licuadas las frutas y verduras aún podemos aprovechar la riqueza de la pulpa, que es donde se encuentra la mayor parte de la fibra y una pequeña cantidad de vitaminas y minerales.

Hay pulpa, como la de la manzana o la de la zanahoria, que sirve como ingrediente en la elaboración de pasteles y flanes de verduras. También se puede añadir a las salsas para alegrar platos de pasta o de pescado (probad con zanahoria, cebolla, manzana y un poco de crema de leche, por ejemplo).

La pulpa también puede caramelizarse para elaborar ricas barras nutritivas que ayudarán a pasar la mañana cuando no podáis prepararos un zumo. Otra buena alternativa es hacer galletas integrales de cerezas, manzanas, fresas, peras... Y si se añade al yogur casero, nos olvidaremos de los industriales y no querremos probar otros.

Está claro, pues, que con la pulpa se puede hacer de todo menos tirarla. Pero, si no la queréis en la cocina, siempre se puede aprovechar como alimento para las gallinas y animales y también como un excelente abono natural.

Los ingredientes (I)

· LA ELECCIÓN DE FRUTAS Y VERDURAS
· INTRODUCCIÓN DE INGREDIENTES MENOS HABITUALES

Prácticamente todos los ingredientes que aparecen en las recetas de este libro son fáciles de encontrar, y ya veréis que basta con moverse un poco en el caso de los productos menos usuales.

Las herboristerías y dietéticas de producto fresco disponen de muchos ingredientes insospechados, desde el jengibre hasta el sirope de arce (o «sirope de savia», que, como veremos, es por otra parte muy útil para practicar curas depurativas). Así que, con un poco de iniciativa, todo el mundo puede introducirse en ese mundo de sabores que son un regalo para el organismo y lo recargan de energía.

Por cierto, insistimos: nada de conservas. Y evitad los alimentos congelados, a no ser que se trate de casos excepcionales.

En cambio, como decimos en todo el libro, conviene elegir, siempre que sea posible, frutas y verduras de **cultivo ecológico** (**orgánico** o **biológico**), es decir, sin aditivos ni restos de fertilizantes, pesticidas o productos químicos de síntesis nocivos. En el mejor de los casos, son muy poco recomendables.

En la Comunidad Europea existe una legislación que protege y regula todos los alimentos y productos de la agricultura ecológica. Se distinguen claramente por una etiqueta de control que los avala. Finalmente, los alimentos y productos de la **agricultura biodinámica** (desarrollados por los seguidores de las enseñanzas de la antroposofía de Rudolf Steiner) son un paso más en la búsqueda de la máxima calidad, y en este caso, a nivel más sutil, en los alimentos.

A continuación, presentamos un breve apartado de ingredientes menos habituales. Al final del libro encontraréis una relación comentada del resto.

Jengibre

La popularidad del jengibre está creciendo con fuerza en Europa. Se suele añadir un poquito en algunos jugos (zanahoria y naranja, zanahoria y manzana, etc.) y les da un agradable sabor, ligeramente picante.

Resulta ya fácil de conseguir, basta con pelarlo un poquito y ya se puede pasar, entero, por la licuadora. También hay quien lo prepara rallándolo.

Áloe Vera

Hemos descrito en otro libro las extraordinarias propiedades, regeneradoras y de todo tipo, del áloe vera (ver bibliografía). Nos referimos a la variedad *Aloe vera barbadensis*, aunque se están estudiando posibles efectos beneficiosos en otras variedades, muchas de ellas presentes en la Península Ibérica.

Si añadís un poco de jugo o pulpa de áloe (25 ml) en muchos de vuestros jugos, lograréis que vuestra deliciosa bebida resulte además extraordinariamente depurativa, purificante y regeneradora. Lo venden ya preparado, pero sale caro. Si conseguís pencas de áloe, vale la pena. El áloe combina muy bien con el diente de león, el cardo mariano y el regaliz.

Tisanas, horchatas y bebidas de cereales

En este libro las tisanas aparecen a veces como ingrediente complementario a un jugo. Por ejemplo, las de menta o hierbabuena. Cuidado con emplear agua o tisanas en los jugos, porque no son muy amigas de las frutas y pueden provocar indigestión.

Igualmente, se recoge alguna bebida más o menos original y, sobre todo, **horchatas** y **licuados**, tanto de **soja** como de **cereales** (arroz, avena). Los recomendamos por su evidente importancia nutritiva y porque su creciente popularidad los está convirtiendo en una excelente alternativa a la leche de vaca.

Espirulina

Se trata de un alga muy nutritiva cuya popularidad también crece enormemente como suplemento nutricional y que se está comenzando a añadir a los jugos (en muy pequeñas dosis, porque posee un fuerte sabor marino).

Hierba del trigo

Ann Wigmore introdujo hace más de treinta años la llamada hierba del trigo en Norteamérica y hoy se conocen bien sus extraordinarios efectos anticancerígenos, nutricionales y regeneradores en general. Se trate de granos germinados de trigo sarraceno, o de otras semillas

similares, el jugo que se obtiene es muy rico en clorofila, vitaminas, minerales y oligoelementos enriquecedores del organismo. Encontraréis más información al final de este libro.

Suplementos dietéticos

Vitaminas, minerales y oligoelementos; coenzima Q-10; lecitina, isoflavonas y otros derivados de la soja; miel, polen y jalea real; levadura de

Los suplementos dietéticos recomendados en este libro son de libre adquisición en las buenas farmacias y establecimientos de herbodietética. Seguid las instrucciones que aparecen impresas en el envase de cada producto. Hasta hoy no hemos notado contraindicaciones o fallos en las dosificaciones recomendadas, si bien siempre es mejor dejarse aconsejar por un buen médico o dietista. En las tiendas disponen de abundante información sobre suplementos nutricionales, cada vez más populares también en Europa.

Al final del libro, veremos un poco más sobre los principales suplementos dietéticos para tomar, opcionalmente, junto con nuestros potentes jugos y convertirlos, aún más, en **superjugos**.

cerveza y germen de trigo; semillas germinadas; algas (además de la espirulina); plantas adaptógenas o medicinales (ginseng, equinácea, eschizandra, ginkgo biloba...). Y, por descontado: ajo, limón y cebolla, que, sin ser suplementos dietéticos actúan con mucha más eficacia que muchos de ellos... ¿Por qué no se ocupa la ciencia más de esos tres milagrosos aliados de la salud? Creemos que sólo existe una explicación: porque no son un gran negocio económico. Los tres están al alcance de todos a un precio irrisorio. La ciencia prefiere estudiar remotos remedios de lejanos países...

Los afrodisíacos

Los mejores afrodisíacos que se encuentran en la naturaleza son de origen vegetal. Para obtener el máximo beneficio de la alimentación en la vida sexual recomendamos el libro *En la cama con el Dr. Comida*, con un plan completísimo para hombres y mujeres. De todas formas, entre las frutas y hortalizas que se pueden combinar para hacer jugos, las más conocidas por sus efectos revitalizantes del apetito sexual se encuentran en:

Granada: para los romanos, esta fruta otoñal era un símbolo de fertilidad y de abundancia. Plinio el Viejo describió los efectos afrodisíacos de la granada. También, en algunos países de América Latina se utiliza el jugo de granada como tónico sexual y rejuvenecedor.

Melocotón: desde muy antiguo, se ha asociado este fruto a la sexualidad. De hecho, los chinos relacionaban el melocotón con los genitales femeninos; y los romanos asociaban el árbol a Venus, la diosa del amor.

Higo: el disfrute de la pulpa de esta fruta ha sido descrito por diversos autores como un placer sensual y una orgía para el paladar. En algunos países, esta fruta está asociada a los órganos genitales femeninos.

Huesos de cereza: además de las destacadas propiedades depurativas que tienen las cerezas, sus huesos son utilizados como remedio de la falta de apetito sexual y la impotencia masculina.

Almendras: ya en el siglo XII se le atribuían propiedades afrodisíacas a las almendras y a sus combinaciones con especias, con las cuales se elaboraban elixires y filtros de amor.

Apio: fue Homero el primero en cantar las cualidades afrodisíacas del apio, una planta considerada sagrada por los griegos, que pensaban que reforzaba la potencia masculina.

Tomate: originarios del Perú, los tomates son conocidos desde hace siglos por sus cualidades afrodisíacas, posiblemente debido a su alto contenido en potasio, un mineral que revitaliza el sistema nervioso.

200 ideas saludables

*Deliciosas recetas de bebidas
y combinaciones con frutas y verduras
para tomar en cualquier ocasión*

Presentamos recetas para convertir vuestra casa en algo más que un simple «bar de jugos»: podéis crear un auténtico **oasis de salud**.

Con ellas podéis preparar excelentes jugos frescos con **frutas**, con **hortalizas** y **verduras**, o combinando ambos. Esta sección se completa con un apartado específico de jugos con **frutos tropicales**, otro de **batidos** y **bebidas con leche** o licuados vegetales, y otro con algunas **tisanas** para aromatizarlos, entre otras bebidas originales.

Finalmente incluimos unas páginas sobre **combinaciones** y compatibilidades de los alimentos.

Zanahoria, la reina de los jugos

LAS ZANAHORIAS COMBINAN MUY BIEN CON TODO
Y SON UN PODEROSO ANTIOXIDANTE

Como se sabe, la zanahoria es muy rica en betacarotenos (provitamina A). Los carotenos son un poderoso **antioxidante** que convierten la zanahoria en un alimento ideal para proteger la vista, pero sobre todo para retrasar el envejecimiento por su capacidad de hacer frente a los radicales libres presentes en la vida cotidiana. Los carotenos también ayudan a los amantes de la piel bronceada a protegerse de los rayos solares.

La zanahoria *(Daucus carota)* es alcalinizante y remineralizante; contribuye a la formación de glóbulos rojos y a mejorar las defensas del organismo, equilibra y regula la digestión y es muy recomendable siempre, pero en especial en el último trimestre de embarazo y durante la lactancia. También como reforzante en general y en casos de anemia en particular.

Es una de las hortalizas más populares, seguramente porque tiende un puente maravilloso con las frutas, ya que combina bien con todas ellas. Por eso resulta un excelente comodín a la hora de preparar vuestros jugos.

La licuadora es el utensilio ideal para extraer jugo de zanahoria, puro y concentrado. También sale muy rico si se prepara con batidora, aunque en este caso hay que añadir agua (o jugo recien preparado), con lo que conservará toda su fibra. La variedad que preferimos para jugo es la nantesa.

Presentamos unas cuantas ideas para preparar jugo de zanahoria con batidora (si no se especifica lo contrario), junto a otras frutas y hortalizas. Todas ellas son, de todas formas, adaptables a la licuadora. Las cantidades, cuando no se indica, son para 1-2 personas.

Recordemos que esa especial cualidad para combinar prácticamente con toda clase de frutas y verduras hace que muchos la consideren como la «reina de los jugos».

Aparecen bastantes recetas con zanahoria a lo largo del libro (recomendamos consultar el índice final).

Frutas y zanahoria

1 manzana troceada, 1 naranja pelada y troceada, 2 zanahorias peladas y ralladas y 150 ml de jugo de naranja (o agua mineral sin gas).

Zanahoria y mandarina

250 ml de jugo de zanahoria y 2 mandarinas, peladas y troceadas.

Tomates y zanahorias

3 tomates y 3 zanahorias, troceadas.

Apio, zanahoria y manzana

3 troncos de apio con sus hojas, cortados por la mitad, 2 zanahorias troceadas y 2 manzanas, sin los rabos y troceadas.

Remolacha, zanahoria y manzana

2 remolachas crudas troceadas, 4 zanahorias troceadas y 1 manzana, sin rabo y troceada.

Rábano, manzana y zanahoria

1 manojo de rábanos sin hojas, 1 manzana, sin rabo y troceada y 3 zanahorias troceadas.

Chirivía, zanahoria y naranja

2 chirivías grandes cortadas, 1 zanahoria troceada y 2 naranjas peladas.

Manzana, zanahorias y nuez moscada

2 manzanas, sin rabo y cortadas a trozos; 3 zanahorias y un poco de nuez moscada rallada.

Zanahoria con sirope

3 zanahorias, 1 remolacha pequeña, un poco de canela o de vainilla y 1/2 cucharadita de sirope (de arce o de manzana). Se licua todo y se añade el sirope.

Pimiento rojo, zanahorias y apio

1 pimiento rojo, 2 zanahorias y 2 tronchos de apio, todo troceado.

Espinacas y zanahorias

4 zanahorias troceadas, 1 manojo de hojas de espinaca y 1 manzana, sin rabo y troceada.

Pera, zanahoria y perejil

2 peras sin rabo y 3 zanahorias troceadas; 1 cucharada de perejil fresco, cortado fino.

Sinfonía de color

1 zanahoria, 2 hojas de lechuga, 5 hojas de espinaca, 1 tallo de apio, 1/2 aguacate triturado y 1 tomate. Se pasa todo por la licuadora. Es ideal para evitar la fatiga.

Zanahoria y manzana

2 zanahorias medianas, 1 manzana y 50 cc de agua mineral.

Es el jugo clásico. Pela y trocea las zanahorias y la manzana y tritúralas junto con el agua mineral. Si se quiere, podéis aderezar el jugo con unas gotas de limón. También puede sustituirse el agua por jugo de naranja.

Recordemos que se puede preparar en la licuadora, sin agua. El resultado es el mismo, pero más concentrado.

Jugos de frutas

Si no se indica lo contrario, en las siguientes recetas los ingredientes están calculados para obtener un poco más de un vaso de jugo. Pero eso depende también del tamaño de la «materia prima» y de la cantidad de líquido que contenga cada fruta.

Siempre que sea posible, preferiremos los alimentos orgánicos (de cultivo ecológico).

Festival de piña

1 kg de melocotones
1/2 kg de fresas
1-2 piñas
1 melón pequeño
250 ml de jugo frío de manzana
4 cucharadas de miel

Con esta receta ¡se obtienen 10-12 vasos! Y le encanta a todo el mundo, niños incluidos. Puede licuarse toda la fruta, pero también se puede combinar: una parte licuada y el resto pasado por la batidora de vaso. Al final se añade la miel y el jugo de manzana y se remueve bien con una cuchara de madera). Se sirve muy frío.

Rojo intenso

1/2 sandía
4 peras medianas
3 fresas
1/2 l de jugo de manzana

Preparamos toda la fruta (se quita la piel de la sandía) y licuamos todos los ingredientes juntos. Si se quiere que este jugo se convierta en un refresco burbujeante, podemos añadirle medio litro de agua mineral con gas, pero recomendamos jugo de manzana bien frío. Resulta más digestivo, ya que el agua aumenta el efecto laxante de todas las frutas, y muy especialmente del melón, la sandía y la uva (de todas las frutas de verano, en general). Servidlo bien frío.

Variante sandía y limón (para 4 personas) con 800 g de sandía y el jugo de 8 limones.

San Francisco fruit

1 manzana, 1 naranja, 1 limón,
1 melocotón, 3 rodajas de piña
unas gotitas de grosella

Versión sin alcohol de un conocido cóctel. Se prepara la fruta, se licua y se vierte el jugo en una jarra grande. Añadid la grosella y servid muy frío.

Melón estival

1/4 melón cantalupo (amarillo)
1/4 de lima

Cortar el melón y sacarle las pepitas. Pelar la lima y cortarla a trozos. Licuar las frutas. Si poco antes de prepararlo se introducen las frutas en el frigorífico, será mucho más refrescante.

Bebida de los devas

4 manzanas
1/4 de limón
frutas del bosque al gusto

Lavar y trocear las manzanas junto con las frutas del bosque y licuarlo todo añadiendo una capa fina de piel de limón (aseguraos de que no contenga restos de pesticidas). Se bebe inmediatamente. Si han sobrado frutas del bosque, pueden añadirse al jugo a modo de tropezones.

Es una deliciosa recompensa para tomar después de una excursión, sobre todo si las frutas del bosque las hemos recolectado por el camino.

Piña para enamorados

1 rodaja de piña bastante gruesa
6 fresas
100 g de uva blanca

Pelar la piña, quitarle el corazón y trocearla. Arrancar las uvas del racimo y lavarlas. Limpiar las fresas desechando el «botón verde» y eliminar las partes enmohecidas si las hay. Licuar toda la fruta a la vez. Si conseguís fresas y uva de temporada, esta bebida vale la pena. No tengáis en cuenta el nombre, esta bebida es apta para todo el mundo, incluso para los que tengan el corazón «libre».

Bebida real

1 pomelo
1 rodaja gruesa de piña
1 manzana
1 rodaja de lima

Pelar el pomelo y preparar la piña, desechando la piel y la parte central o corazón, más dura y fibrosa. Lavar y trocear la manzana y la lima y licuarlo todo, junto con el pomelo y la piña. Esta bebida ayuda a saciar la sed de media tarde.

Cóctel de frutas

1 racimo de uva blanca o negra
2 manzanas
1 gajo de limón, pelado

Lavar las uvas y las manzanas y licuarlas junto con el limón. Tanto si se emplea uva blanca como negra, el sabor no varía mucho, sólo cambia el color.

Mix de frambuesas

1 naranja
150 g de frambuesas
1 rodaja de piña bien gruesa

Se pelan la naranja y la piña, y se le saca la parte central. Las troceamos y licuamos junto con las frambuesas. Bebedlo en el acto: ¡es difícil resistirse!

Cóctel de ciruelas

3 ciruelas
1 pera
1 naranja

Se licuan la pera, las ciruelas deshuesadas y la naranja por este orden y se bebe enseguida: notaremos los efectos y nos sentiremos llenos de vitalidad, pero, de todas formas, cuidado con la digestión: las ciruelas son más laxantes que la mayoría de frutas.

Burbujas de melocotón

1 melocotón
1 naranja
1/2 lima
agua con gas al gusto

Se pelan la lima y la naranja; si queréis más sabor dejad algún trozo de piel (si la fruta es de cultivo biológico). Lavad el melocotón, abridlo y sacadle el hueso. Una vez licuado, se mezclan el jugo y el agua con gas. Esta bebida lleva las cosquillas incluidas.

Manzanas y fresas

3 manzanas dulces
8 fresas

Lavar, licuar y servir. Si las fresas son de cultivo biológico, pueden aprovecharse los tallos y las hojas verdes.

Cóctel de noche

1 rodaja gruesa de piña
1 manzana dulce
6 fresas

Lavar y trocear la manzana y la piña, pelada y sin la parte central más dura. Limpiar las fresas y licuar todo. Se llama «Cóctel de noche», pero puede tomarse siempre.

Caricia divina

100 g de uva blanca
1/2 limón
1 rodaja gruesa de piña

Licuar las uvas junto al limón pelado y la piña sin el corazón. Si tenéis uva negra se pueden añadir al jugo algunos granos, enteros y sin pepitas. El contraste de color resulta muy original... ¡y es muy sabroso!

«Burbujas de melocotón»

Mandarina Hay

3 mandarinas
(o naranjas imperiales)
1 rodaja gruesa de piña
100 g de uva negra

La mandarina, como las naranjas imperiales (dulces), produce siempre un jugo menos ácido, y esto es fenomenal para la digestión. Pelad las mandarinas, quitad la piel y el corazón de la piña y lavad las uvas. Después, licuarlo todo junto y ¡a beber!

Jugo de moras y albaricoques

100 g de moras
5 albaricoques

Elegid unos albaricoques que no sean verdes, pelarlos (si no son biológicos) y sacarles el hueso. Lavad las moras y licuarlo todo junto. Si no se tienen moras a mano pueden sustituirse por otras frutas del bosque.

Mis amigos siempre licúan las frutas de color más intenso en primer lugar, para que el jugo del resto de las frutas ayude a «limpiar» las paredes de la licuadora.

Cóctel estimulante

2 manzanas
hojas de hinojo
1 pera
1 zanahoria
jengibre (opcional)

Una vez limpias, se trocean la pera, el hinojo y las manzanas. A continuación, se rasca y se lava la zanahoria.
Licuad las hojas de hinojo con el resto de ingredientes. Se pasa el jugo por un colador chino y se sirve.
Se puede espolvorear con jengibre: le dará un toque exótico al combinado.

Tomate y naranja

3 naranjas
1 tomate

Un sabor diferente. Se lava el tomate, se pelan las naranjas y se licua todo junto. La naranja también se puede exprimir, pero así simplificamos el trabajo y ensuciamos menos aparatos.

Delicia de otoño

4 manzanas grandes
4 peras grandes

Nada más fácil: se pelan y se trocean las frutas y se pasan por la licuadora. Si se le quiere dar un toque diferente, espolvoread con un poco de canela en polvo. Es ideal combinado con un poco de jugo de zanahoria.
Es un sabor reconfortante, ideal para recordar las tardes lluviosas de otoño.

El supernutritivo

150 g de uva
1 naranja
1 kiwi
1/2 remolacha mediana

Se lavan las uvas y se pelan la remolacha, los kiwis y la naranja. Luego se licuan la remolacha y todas las frutas. Hay quien, una vez elaborado el jugo, lo filtra con un colador chino. Recomendado durante el embarazo.

Para la sed

2 manzanas
200 g de arándanos
1 racimo no muy grande de uvas blancas o negras

Es uno de los jugos más refrescantes. Empezamos lavando los arándanos y las manzanas; pero, si éstas no son de cultivo biológico, se pelan. Luego se desgranan las uvas del racimo y se licua todo junto. Se trata de un jugo ideal para degustar y refrescarse durante las calurosas tardes estivales.

Fresa salvaje

15 o 20 fresas
2 kiwis
1 naranja

Se limpian las fresas, se pela el kiwi y se pasa todo por la licuadora. Luego se añade jugo de naranja recién exprimido.
Como fantasía añadida, puede servirse en un vaso largo con el borde escarchado de azúcar (recordemos, de todas formas, que conviene evitar el azúcar, sobre todo si es blanco). Con este fin, se frota el borde del vaso con limón para humedecerlo. Luego, se vuelca el vaso sobre una capa de azúcar hasta que quede adherido. Servir el jugo y disfrutadlo.

Delicia de naranja

2 o 3 naranjas
1 manzana

¿Quién no lo ha preparado alguna vez? Lavar y trocear las manzanas y licuarlo todo junto. O bien mezclar jugo de naranjas recién exprimidas con el jugo de manzana.
Es un clásico cuyo sabor gusta siempre.

Naranjada antioxidante

1 naranja
1 limón
1 zanahoria mediana

Lavar, rascar y licuar la zanahoria. Añadir el jugo exprimido de la naranja y el limón. Se mezcla bien y se sirve en el acto. Recordemos también la rica variante con manzana.

«El supernutritivo», «Fresa salvaje»

Fantasía de arándanos

200 g de arándanos
1 plátano
3 naranjas
4 pomelos
150 g de cerezas deshuesadas

Primero pelamos las naranjas, los pomelos y el plátano y luego se licuan todos los ingredientes. Se puede añadir miel, pero es bueno acostumbrarse a los sabores naturales de las frutas, por ácidos que sean, y disfrutarlos en toda su plenitud.

Fresas con kiwi

150 g de fresas (unas 10 o 12)
2 kiwis medianos

Lavad las fresas y pelar los kiwis del modo habitual para aprovechar al máximo estas dos frutas tan deliciosas y coloristas. Este jugo es muy rico en fibra y vitamina C. Hay quien prefiere dejar la fruta un día en el frigorífico antes de preparar el jugo. Son gustos: sólo depende del grado de madurez.

Copa helada de limón y menta

2 ramilletes de menta
1/2 cucharadita de azúcar integral de caña
1/2 cucharadita de jugo de limón
2 cucharaditas de jugo de pomelo
1/2 vaso de tónica

Machacar dos ramilletes de menta y media cucharadita de azúcar y verterlos en una copa o vaso. Rellenar con hielo machacado. Añadir media cucharadita de jugo de limón, dos de jugo de pomelo y medio vaso de tónica. Decorar con hojas de menta y rodajas de limón.

Kiwi en compañía

2 kiwis
100 g de frambuesas
1 endibia

Se pelan los kiwis, se lavan las frambuesas y la endibia y se licua todo junto. Se sirve bien frío. Las frambuesas son una fruta de temporada breve. Ir a buscarlas al bosque con los niños es divertido y saludable. Se aconseja recolectar fruta de más, pues nadie resiste la tentación de ir comiendo frambuesas de regreso a casa.

Refresco para gente esbelta

1 rodaja de melón
2 kiwis

Pelar los kiwis y el melón y licuarlos. Un sabor para disfrutar sin miedo a las calorías.

«Copa de limón y menta»

Mango y kiwi

2 peras pequeñas
1 kiwi
1/2 mango
1 ramita de menta fresca

Se pelan el kiwi y el mango, se lavan las peras y se vierte todo en el vaso de la batidora. Añadir la menta fresca y limpia y batir. Si se prefiere, puede utilizarse la batidora de brazo.

Batido de frutas de otoño

300 g de uvas verdes
2 plátanos pequeños
3 naranjas

Pelad la naranja y licuarla junto con las uvas, ya lavadas y desgranadas. Se vierte el jugo resultante en el vaso de la batidora y se bate junto con los plátanos troceados.

Este batido resulta muy vistoso si en el momento de servir se decora con unas hojas de menta fresca o unas rodajas muy finas de lima.

Gusanillo y manzana

1/2 pomelo rosa
2 manzanas

Se pela el pomelo, se trocean las manzanas una vez lavadas y se licua todo. Si este jugo se bebe entre las comidas, reduce la sensación de hambre y ayuda a evitar el gusanillo que a veces aparece en el estómago.

De todas formas, si la sensación de hambre aparece a media mañana, es probable que sea debida a un «bajón glucémico». Es fácil de solucionar cambiando algunos hábitos del desayuno, como explicamos en nuestros libros (ver bibliografía).

Rojo y verde

5 fresas
1/2 kiwi
1 naranja
1/2 rodaja de piña

Un clásico tan exquisito que lo vas a repetir. No hay problema, porque se puede comer o beber tanta fruta como se desee hasta sentirse saciado.

Manzana aromática

3 manzanas
1 bulbo pequeño de hinojo
o regaliz al gusto

Trocear el hinojo y las manzanas y pasarlos por la licuadora. **Variante:** sustituir el hinojo por regaliz, previamente macerada (6 horas en remojo).
Variante: Frambuesa y manzana (ver pág. 120).

Rojo y negro

100 g de uva negra
1/2 taza de cerezas dulces
1 manzana (opcional)

Se lavan las uvas y las cerezas deshuesadas y se licuan. Esta bebida oscura tan nutritiva puede amenizarse con unos cuadraditos de manzana, cuyo sabor combina a la perfección con el de la uva y la cereza.

Limonada

4 limones
3 cucharadas de azúcar integral
o de melaza
1 l escaso de agua
6 hojas de menta fresca

Exprimimos los limones y reservamos el jugo. Calentamos el agua en un cazo, añadimos el azúcar o la melaza y agitamos durante unos cinco minutos. Apagamos el fuego y añadimos la menta; tapamos y dejamos reposar diez minutos más. Entonces será el momento de añadir el jugo de limón y de remover enérgicamente.

Dejamos enfriar, y cuando la bebida esté a temperatura ambiente, guardamos en el frigorífico. Se sirve bien fría.

Tropical papaya

1 o 2 manzanas
1/2 lima
1 trozo de raíz de jengibre
de un dedo de ancho
1/2 papaya

Se pela la lima y se lavan las manzanas y el jengibre. Se pasa todo por la licuadora y se reserva el jugo. Partimos la papaya por la mitad y con una cucharita separamos la carne de la piel. La batimos unos momentos, en el vaso mezclador, junto al jugo que habíamos reservado.

Nísperos con naranja

4 nísperos
1 naranja

Es un jugo de color alegre e intenso y sabor un tanto peculiar. Extraer el rabito, la piel y los huesos a los nísperos y licuarlos junto con la naranja pelada.

Tónico oriental

1/4 de piña
1/2 manzana
1 rodaja de jengibre de medio
dedo de ancho aproximadamente

Para preparar este tónico debemos pelar la piña, sacar el corazón a la manzana y lavar el jengibre. Se trocean todos los ingredientes antes de licuarlos. El jengibre da un sabor muy particular, ligeramente especiado, a los jugos.

Algunas mezclas (muy apetitosas) para hacer jugos de frutas y hortalizas

Coco, piña, y leche. Se puede sustituir la piña por zanahoria, por manzana o por fresones.

Fresones, piña, naranja y limón. Podemos sustituir las manzanas por peras.

Melocotón y naranja. Se pueden añadir zanahorias.

Naranja y limón. También se pueden añadir zanahorias (o bien manzana).
Y hasta un poco de jengibre. No pongáis demasiado limón, y mejor si se bebe con una pajita.

Melocotón, piña, limón, fresones. Hay quien le añade un poco de yogur o leche.

Naranja, melocotón, manzana y fresones. Es ya otro clásico.

Zanahoria, limón, naranja y fresones.

Chirimoya, piña, naranja. También chirimoya, naranja (o coco) y leche.

Melón, manzana, fresones y leche.

Naranja, fresón, plátano y leche. Sin abusar de la leche.

Plátano, manzana y melocotón. Hay que procurar que los tres ingredientes estén en su punto de madurez. De lo contrario pierde sabor y se nota (¡y si se añade azúcar es peor!)

Piña, plátano, leche y naranja. Otra combinación muy original es la de piña y pepino. Se puede añadir un poco de yogur.

Naranja, plátano y manzana. Otro clásico. Experimentad con aguacate, piña y manzana.

Melón, plátano, manzana y leche.

Piña, naranja y melocotón. Con piña hay otro sabor que gusta a todos: piña, naranja y zanahoria. O simplemente: piña y naranja. Siempre es delicioso, refrescante y nutritivo.

Coco, plátano y leche.

Como se puede ver, a partir de unos pocos ingredientes la variedad final de sabores es casi ilimitada.
Basta un poco de práctica y combinar bien la **elección** de utensilios en cada jugo: **batidora, exprimidor o licuadora**.

«Acid sandía»

1 rodaja de sandía
2 limones

Pelamos las frutas y las licuamos como de costumbre. Nada más simple, puesto que a la sandía no hace falta ni sacarle las pepitas, ya que la licuadora se encargará de desecharlas. Es un jugo muy depurativo.

Jugo de verano

100 g de uva blanca
1/2 limón
1/2 tallo de apio sin hojas
50 ml de agua
hielo picado (opcional)

Se pela el limón y se pasa por la licuadora junto con las uvas desgranadas y el apio. Luego se vierte en una jarra y se le añade el agua. Se puede servir con hielo picado.

El jugo de la pasión

3 naranjas
1/2 lima
1 fruta de la pasión

Exprimimos las naranjas y la lima y añadimos al jugo la fruta de la pasión, pelada y troceada. Se bate la mezcla durante unos instantes en un recipiente o vaso mezclador y se sirve.

Para el calor

2 pepinos
6 limas
1 naranja
1 manojo de hojas de menta

Se lava el pepino (o se pela, si no es de cultivo ecológico). Se pelan la naranja y las limas. Se lavan las hojas de menta y se licuan todos los ingredientes (la naranja al final).

Sorbete de melocotón

1 kg de melocotones
4 naranjas

En esta receta, los ingredientes son para 4 personas. Pelar y trocear los melocotones. Exprimir las naranjas y añadir el jugo a los melocotones troceados para batirlo todo junto. El resultado ha de ser una crema bien fina. Se vierte el batido en un recipiente metálico y se guarda en el frigorífico durante 5 o 6 horas.

Cada hora, más o menos, se removerá la mezcla para evitar que se formen cristales de hielo grandes.

El sorbete queda aún más apetitoso si se sirve en copa. Si queremos endulzarlo un poco, en el momento de hacer el batido podemos añadir cuatro cucharadas de azúcar moreno, sirope o melaza.

No utilicéis miel para hacer sorbetes, porque impediría la congelación correcta.

«Acid sandía»

Toque exótico

2 peras
1 manzana
1/4 de limón
flores comestibles

Lavar las peras y las manzanas y sacarles el corazón (si son de cultivo biológico no hace falta pelarlas). Licuar junto con las frutas el cuarto de limón pelado. Podemos añadirle un toque exótico si, en el momento de servir, lo decoramos con pétalos de flores comestibles sin sustancias nocivas: pétalos de rosa, crisantemos, etcétera.

Uvas ácidas

150 g de uvas blancas
1/2 lima

Lavar las uvas y licuarlas. Exprimir la lima y mezclar el jugo obtenido con el de la uva.

Servirlo en un vaso alto y añadir ocionalmente unos cubitos de hielo.

¡Esto sí que es el «cóctel» para una larga vida! Puede acompañarse de unas cuantas uvas blancas peladas y sin pepitas.

Jugo dietético de albaricoque

6 albaricoques
2 tajadas de melón amarillo
1 melocotón
1 cucharadita de lecitina de soja

Si no podemos consumir fruta de cultivo ecológico, debemos pelar los albaricoques antes de licuarlos. Pasamos por la licuadora los albaricoques y el melón, sin la cáscara. Pelamos el melocotón y lo cortamos a dados para servirlo en forma de tropezones en el jugo fresco. Aderezamos el jugo con la lecitina de soja.

Suero de leche con manzana

Suero de leche
(o bien 150 ml de leche)
1 manzana

Licuad la manzana e incorporar el suero de leche ligeramente ácido, tipo *molkosan* o «molke», que se puede encontrar en algunas tiendas de herbodietética. Al principio probar con unas gotas (si es suero natural líquido) o bien una cucharadita rasa de las más pequeñas si es en polvo. Servir bien frío. Es una bebida muy refrescante y beneficiosa.

El suero de leche es muy indicado para revitalizar la flora intestinal. Si os gusta, o bien os acostumbráis a su sabor, el suero de leche será un buen amigo de vuestras ensaladas, porque sustituye con ventaja al vinagre. Es muy eficaz ante un sinfín de trastornos y, en uso externo, para las heridas y eczemas.

«Jugo dietético de albaricoque»

Piel suave

1 manzana
5 zanahorias grandes
1 trocito (dedo pulgar) de jengibre

Limpiad las zanahorias, preparad la manzana a trozos y rodajas y pelad el trocito de jengibre. Se pasa todo por la licuadora... ¡y ya está! Este jugo es revitalizante y de a la piel una sensación de elasticidad y suavidad incomparables. Además, permite muchas variantes, como:
- Zanahoria, manzana y perejil
- Zanahoria, remolacha y unas hojas de lechuga (puede añadirse 1-2 hojas de acelga).
- Zanahoria, pepino, remolacha.

Jugo de uvas

300 g de uvas

¿Quién no ha preparado alguna vez jugo de uvas? Ya hemos comentado en otro lugar de este libro las ventajas y desventajas de licuar con o sin pepitas, así que sólo nos queda recordar sus múltiples beneficios regeneradores. La uva es uno de los mejores alimentos que existen, y junto a sus virtudes antioxidantes siempre es interesante para reponer energías en cualquier edad y situación.

Además, si lo tomamos antes de acostarnos, nos ayudará a conciliar el sueño.

Ponche de bayas

100 g de bayas (moras, frambuesas, grosellas...)
o 100 ml de jugo de arándanos
350 g de melón
1 racimo de uvas blancas

Licuamos las bayas junto con el melón. Luego le añadimos las uvas blancas ya deshuesadas. Si a este ponche le añadimos hielo picado, o bien lo dejamos durante unas tres horas en el congelador removiéndolo enérgicamente cada media hora, obtendremos un nutritivo y original granizado de verano que será la delicia de todos.

Sangría de mosto

1 l de mosto de uva negra
2 plátanos troceados
250 ml de jugo de pomelo
1 manzana troceada
250 ml de jugo de naranja
1 naranja en rodajas
1 melocotón troceado
1 rama de canela
cubitos de hielo
6 clavos de olor

Calentamos los clavos con el jugo de limón y los dejamos reposar tapados. Mezclamos el resto de ingredientes. Colamos los clavos y los añadimos al ponche. Añadimos los cubitos.

Algunas recetas ricas en vitaminas y minerales para hacer jugos de frutas y hortalizas

Con vitaminas y minerales

Rico en calcio
3 hojas de col, 1 puñadito de perejil, 4 zanahorias, 1/2 manzana

Rico en hierro
3 hojas de remolacha, 4 zanahorias, 1 pimiento verde, 1/2 manzana

Rico en magnesio
1 diente de ajo, 1 puñadito de perejil, 4 zanahorias, 2 pencas de apio

Rico en ácido fólico
2 hojas de col, 1 puñado de perejil, 1 manojo de espinacas, 4 zanahorias

Rico en vitamina E
1 manojo de espinacas, 4 zanahorias, 4 espárragos, 1 arbolito de coliflor

Rico en provitamina A
1 puñado de perejil, 1 manojo de espinacas, 4 zanahorias, 1/2 manzana

Para algunos trastornos

Colesterol
1 manojo de espinacas, 1 manojo de brotes de alfalfa, 4 zanahorias, 1 manzana

Circulación
1 manojo de espinacas, 3 hojas de col, 4 zanahorias, 2 pencas de apio, 1/2 pepino, 1 manzana

Estrés
2 hojas de col, 1 puñadito de perejil, 1 penca de apio, 1 zanahoria, 1/2 pimiento rojo, 1 tomate, 1 ramito de brécol

Insomnio
3 hojas de lechuga, 1 penca de apio

Resfriado
4 tomates, 1/2 pepino, 1/2 pimiento verde, 1 diente de ajo, 2 tallos de apio

Retención de líquidos
2 manzanas, 1 rábano picante

Úlcera de estómago
1/2 col, 1 penca de apio, 1 manzana

Manzana, ciruela y canela

3 manzanas sin los rabos y troceadas
4 ciruelas deshuesadas
1 cucharadita de canela

Se pasan las manzanas y las ciruelas por la licuadora. Se esparce por encima un poco de canela, se remueve y se sirve.

Ponche Thai

300 ml de jugo de naranja
1/2 piña fresca, pelada y troceada
1 mango maduro, pelado, deshuesado y cortado
1 pedazo de jengibre pelado y troceado de 2,5 cm
la cáscara de una lima rallada
2 cucharadas de hojas de cilantro fresco
150 ml de agua mineral con gas (o de jugo de piña)

Se ponen todos los ingredientes en una batidora grande o en un robot de cocina, se mezclan a fondo y se sirve. Es muy refrescante. Para 4 personas.

Fresas sin nata

225 g de fresas limpias
2 kiwis grandes, pelados y troceados
2 naranjas (el jugo recien obtenido)
150 ml de agua mineral sin gas (opcionalmente, jugo de manzana o zanahoria)
pimienta fresca negra y molida

Se ponen las fresas, los kiwis, el jugo de naranja y el agua (o el jugo) en una batidora o robot de cocina y se baten hasta obtener una mezcla fina y sin grumos. Se vierte la mezcla en tazas y se condimenta con pimienta negra fresca y molida. Verás que delicioso es sazonar las fresas con un poco de pimienta negra molida en vez de bañarlas con nata.

Superpera

250 ml de jugo de uva
1 pera madura, sin corazón y troceada
el jugo de 1 lima

Se mezcla a fondo el jugo de uva y la pera en una batidora de vaso. Sírvelo de inmediato y añade un hilo de jugo de lima a los dos vasos según el gusto.

Uva reina

Con un sabor cítrico, dulce y un punto especiado, el jugo de la uva añade textura y cuerpo a este jugo. No cometas el error de eliminar la uva, pues da una dulzura sutil a la acidez del pomelo.

110 g de uva blanca sin pepitas
1/2 pomelo, pelado y troceado
1 cucharadita de hojas de menta
80 ml de agua mineral sin gas
(o mosto natural de uva)

Vierte todos los ingredientes en una batidora o en un robot de cocina y bátelo a fondo durante 30 segundos. Pásalo por un colador y sírvelo de inmediato.

Plátano batido

1 plátano maduro, pelado y troceado
1 naranja, pelada y troceada
el jugo de 1/2 lima
80 ml de agua mineral sin gas (o jugo de naranja)

Los plátanos han de ser maduros, con motas. Dan un jugo más espeso y son un alimento que entra muy bien cuando se tiene mucha hambre. Vierte todos los ingredientes en una batidora de vaso y haz un batido a fondo durante 30 segundos. Como hemos dicho, este tipo de jugos con agua son un poco menos consistentes, pero resultan igual de buenos.

Granizado de piña aromático

3 rodajas de piña
1 pizca de canela en polvo
hielo picado al gusto (opcional)

Se licuan las rodajas de piña y se reserva el jugo obtenido en una copa alta. Se añade el hielo picado y se espolvorea con canela. El resultado es un jugo muy aromático.

Si no se dispone de picadora para hielo, pueden envolverse los cubitos en un trapo limpio y golpearlos con el mortero.

No solemos aconsejar las bebidas excesivamente frías, pero, como hemos dicho, todo depende de la dosis, de la frecuencia... y de cada persona.

Frambuesas y sirope de arce

110 g de frambuesas
2-3 cucharadas de sirope de arce
500 ml de agua mineral con gas
(o jugo de naranja)
unas cuantas frambuesas enteras
y hojas de menta fresca
para la guarnición

Ponemos las frambuesas, el sirope de arce y 4 cucharadas de agua mineral con gas (o jugo) en una batidora o en un robot de cocina y lo mezclamos un poco, lo justo hasta obtener una textura suave. Si deseas un cóctel más líquido, añádele más agua (o jugo) y pásalo luego por un colador.

Vertemos la mezcla de frambuesas en copas de cóctel, le añadimos el resto del agua o jugo (al gusto) y lo coronamos con las frambuesas enteras y las hojas de menta fresca.

Variante: Se pueden sustituir las frambuesas por fresas.

67

Crema de arándanos

225 g de arándanos
2 plátanos pequeños maduros,
pelados
300 ml de jugo de naranja
2 bolas de helado de vainilla

Se guardan un puñado de arándanos para la guarnición y se pone el resto en una batidora o en un robot de cocina junto con los plátanos y el jugo de naranja. Se bate hasta obtener una mezcla fina.

Se vierte la crema en dos tazas y se esparcen por encima los arándanos guardados. Se añade una bola de helado natural de vainilla y se sirve de inmediato.

Naranja y almendra

30 g de láminas de almendra tostada
2 nectarinas maduras, deshuesadas
y troceadas
1 naranja, pelada y troceada

60 ml de agua mineral natural
o jugo de naranja
jugo de limón

Se mezcla la almendra tostada con las nectarinas, la naranja, el agua mineral (o jugo de naranja) y el jugo del limón en una batidora de vaso, y se bate todo bien hasta obtener una textura fina. Por último, se vierte el jugo en dos tazas y se esparcen por encima las almendras restantes.

Batido de fresas cosmobiótico

100g de amasake
1 cucharada de tahini
150 g de fresas, lavadas y cortadas
1/2 l de agua, hervida con 1/2
cucharadita de sal y enfriar

Batimos todos los ingredientes y añadimos más agua o fresas según la consistencia deseada. Se puede hacer con otra fruta.

Crema de pera y ciruelas

1 pera madura troceada
2 ciruelas maduras troceadas
80 ml de jugo de naranja
15 g de pistachos sin la cáscara
y picados

Se vierten la pera, las ciruelas y el jugo de naranja en una batidora de vaso y se tritura todo hasta obtener una mezcla fina. Se sirve en dos tazas con el pistacho esparcido por encima.

Pantera rosa

85 g de fresas
110 g de uva negra sin pepitas
ramitas de menta para la guarnición

Ponemos las fresas y las uvas en una batidora de vaso y las batimos hasta obtener una textura suave. Se decora con las ramitas de menta.

«Batido de fresas cosmobiótico»

Melocotón helado a la vainilla

1 plátano pequeño
maduro y pelado
1 melocotón pequeño
maduro y deshuesado
150 ml de jugo de naranja
1-2 bolas de yogur
de vainilla helado

Ponemos el plátano, el melocotón y el jugo de naranja en una batidora de vaso. Lo batimos todo hasta obtener una mezcla suave. Añadimos el yogur de vainilla helado y volvemos a batir durante un instante. El cóctel de melocotón helado se ha de servir inmediatamente sobre hielo triturado.

Variante. Este mismo cóctel puede hacerse sustituyendo el plátano por 180 g de mezcla de frutas del bosque (moras, frambuesas, grosellas) y el melocotón por una cucharadita de miel líquida.

Néctar de fresas y cerezas

175 g de cerezas, deshuesadas
55 g de fresas
175 ml de jugo de naranja
30 g de láminas de almendras
tostadas (opcional)

Se vierten las cerezas, las fresas, el jugo de naranja y la mitad de las almendras en una batidora de vaso. Se baten hasta obtener una mezcla fina.

Para servirlo se pone un poco de hielo picado en dos copas y se vierte el néctar por encima (hay quien lo pasa por un colador). Esparce por encima las almendras restantes.

Ponche de sandía

1 sandía
el jugo de 2 limas
6 fresas

Este jugo de verano tan sencillo se puede servir dentro de su cáscara. En este caso se bebe con una pajita larga y gruesa.

Con un cuchillo afilado, se corta en forma de «tapa» la coronilla de la sandía. Luego, con una cuchara, se retira toda la carne roja de la fruta, se eliminan las pepitas y se pone la sandía en una batidora grande o en un robot de cocina. Se añade el jugo de la lima a la batidora y se bate junto con los pedazos de sandía durante 30 segundos.

Melón y kiwis

285 g de melón cantalupo
pelado y troceado
2 kiwis pelados y troceados
300 ml de jugo de naranja
rodajas de naranja para la
guarnición

Vertemos el melón, los kiwis y el jugo de naranja en una batidora de vaso. Batimos hasta obtener una buena mezcla. Se puede pasar por un colador si se desea una textura más fina. Se sirve en vasos de caña alta, coronados por una rodaja de naranja.

Ponche de la pasión

4 plátanos pequeños maduros, pelados y troceados
2 mangos maduros, pelados, deshuesados y cortados
300 ml de leche de coco
300 ml de jugo de naranja
la pulpa y las pepitas
de 4 frutas de la pasión

Se ponen los vasos en el congelador 20 minutos antes de servir el ponche o hasta que se empapen de frío.

Se mezclan los plátanos, el mango, la leche de coco y el jugo de naranja en una batidora grande o un robot de cocina y se baten hasta obtener una textura suave.

Se vierte el ponche en una fuente grande y se añaden las pepitas y la pulpa de la fruta de la pasión. Se sirve de inmediato con los vasos bien fríos. Esta receta es para 4-6 personas.

Ponche de piña

570 ml de jugo de naranja
1 piña pelada, sin corazón
y troceada
1 melón galia sin pepitas,
pelado y troceado
jengibre fresco de 5 cm,
pelado y troceado
2 manojos de hojas de menta fresca

Se ponen el jugo de naranja, la mitad de la piña, la mitad del melón, el jengibre fresco y un manojo de menta fresca en la batidora y se bate todo bien hasta obtener una mezcla suave.

Si deseas un ponche más fino, puedes pasarlo por el colador y verterlo en una fuente antes de servirlo. Se añade al ponche el resto de las frutas troceadas y las hojas de menta y se sirve de inmediato. Para 4 personas.

Para servirlo, se vierte todo el ponche dentro de la cáscara de la sandía. Por último, se echan las fresas, que quedarán flotando en la superficie.

71

Delicia de ciruelas

2 manzanas troceadas
4 ciruelas maduras deshuesadas
150 ml de jugo de manzana natural
una pizca de canela molida

Ponemos las manzanas, las ciruelas y el jugo de manzana en una batidora o un robot de cocina. Lo batimos hasta obtener una mezcla suave, vertemos en dos vasos y rematamos con una pizca de canela molida.

Cóctel de la pasión

1 mango grande y maduro pelado, deshuesado y cortado
2 frutas de la pasión cuya pulpa y pepitas se habrán sacado con una cuchara
150 ml de jugo de piña o naranja

Ponemos el mango, la fruta de la pasión y el jugo en la batidora de vaso y batimos hasta obtener una mezcla suave.

Cóctel de albaricoques

4 albaricoques maduros, deshuesados y cortados a cuartos
1 manzana, troceada
2 mandarinas, peladas y desgajadas
150 ml de jugo de naranja (o de manzana)

Ponemos los albaricoques, la manzana, las mandarinas y el jugo en una batidora de vaso y batimos hasta obtener una mezcla suave. Se sirve enseguida.

Delicia de melón y pomelo

varias rodajas de melón
1 pomelo exprimido
menta al gusto

Cortamos el melón y exprimimos el pomelo. Lo trituramos todo y añadimos la menta cortada en tiras finas. Se sirve frío.

Otras combinaciones: tomate y sandía, melón al mosto (opcionalmente con un poco de oporto), puerros y patatas.

13 combinaciones deliciosas

1. Pomelo, naranja y fresa
2. Albaricoque, uva y pera
3. Manzana y fresas
4. Piña, manzana y fresas
5. Manzana, uva y limón
6. Pera y manzana
7. Piña, fruta de la pasión, papaya y nectarina
8. Manzana y granada
9. Naranja, piña y frambuesa
10. Manzana y remolacha
11. Tomate, pepino, apio y lima
12. Melocotón, naranja, piña y canela
13. Uva, limón y agua de rosas

Estas trece combinaciones resumidas son una muestra más de las posibilidades que se abren en la cocina al elegir **superjugos** para cada día.

«Delicia de melón y pomelo»

Piña

Su jugo suaviza la garganta y es diurético además de desintoxicante. El jugo de piña combina bien con el de manzana y con la miel.

Melocotón

Estimula las secreciones gástricas y se digiere con facilidad. Su jugo combina bien con una cucharada de jugo de limón y otra de miel.

Cereza

Tiene propiedades desintoxicantes, remineralizantes y antiinfecciosas. Conviene tomar el jugo puro, sin mezclar con otras frutas o verduras.

Manzana

Reduce el nivel de colesterol y es beneficiosa para el corazón. Combina con todas las frutas y verduras, especialmente con zanahoria, tomate, ciruela y naranja.

Arándanos

Poseen propiedades que ayudan a aliviar los procesos gripales. El jugo de arándanos combina especialmente bien con el de naranja.

Limón

Es remineralizante y posee propiedades bactericidas y antisépticas. Se puede tomar diluido en agua y acompañado de un poco de miel.

Plátano

Es rico en vitaminas y minerales, y además refuerza el corazón y los músculos. Combina especialmente bien con el jugo de mango y el de papaya.

Naranja

Es energética y revitalizadora de las células. Su jugo combina especialmente bien con el de limón y el de fresa.

Papaya

Es rica en vitamina C y contiene una enzima que facilita la digestión. Su jugo combina a la perfección con el de manzana o el de uvas.

Mora

Posee propiedades contra las afecciones de garganta. Es preferible no tomar moras en ayunas porque son ligeramente laxantes.

Jugos de verduras

Por supuesto que se puede hacer un riquísimo jugo de zanahoria combinado con frutas, pero ¿también de espinacas, lechuga, remolacha, brécol...? ¡También! Para acostumbrar el paladar al nuevo sabor de algunas **hortalizas crudas**, lo mejor es mezclarlas adecuadamente con frutas fáciles de digerir, como la manzana o la pera: resultan ideales en estos casos.

Lo mejor es elegir verduras de temporada y de cultivo ecológico; de lo contrario es imprescindible lavarlas muy bien o, según el caso, pelarlas antes de preparar el jugo. Las recetas son, si no se indica otra cosa, para 1-2 vasos. Recordad que el fuerte sabor de los jugos de verduras de hoja verde puede diluirse en agua, sobre todo al principio. Al iniciaros conviene prepararlos aparte del resto y mezclar después... sin hacer de más: ¡se ha de beber siempre fresco y recién preparado!

Fórmula Uno

2 zanahorias
2 puñados de brotes de soja germinada
4-6 tallos de apio
1/2 remolacha pequeña
1 puñadito de perejil
1 puñado de espinacas (o bien de acelga, col u hojas de remolacha)
1 pera y/o 1 manzana
Jengibre (pelado muy ligeramente y de unos 2,5 cm)

Como curiosidad os incluimos en esta receta algunos ingredientes que recibe el organismo al beber este jugo delicioso. Por ejemplo:

La **remolacha** contiene ácido fólico, vitamina C, un poco de otras vitaminas (B1, B2, B3 y B5); calcio, magnesio, fósforo, potasio, sodio; cobre, hierro y zinc. El **perejil** contiene betacaroteno, vitaminas B3, B1 y B2 (de las dos últimas, menos); calcio, hierro, fósforo, potasio y sodio.

La **pera** contiene betacaroteno, ácido fólico, vitamina C, un poco de vitaminas B1, B2, B3, B5 y B6; calcio, magnesio, fósforo, potasio; trazas de cobre, hierro, manganeso y zinc.

Cóctel supervegetal

4 zanahorias
3 tallos de apio
1/ taza de hinojo picado
1/2 manzana
1 puñadito de berros
perejil

Se pasa todo por la licuadora.

Aperitivo de espinacas

1 manojo no muy grande de
espinacas (5 o 6 hojas)
4 zanahorias
1/2 manzana

Licuar juntos todos los ingredientes, que se habrán lavado a fondo. La espinaca tiene un sabor muy fuerte, pero en esta combinación, como está diluida, resulta agradable al paladar. Este jugo de espinacas es uno de los llamados jugos «verdes».

Aperitivo de lechuga

3 hojas de lechuga
3 zanahorias
2 tallos de apio
1/2 manzana

Se lavan bien la lechuga, las zanahorias y el apio. Se pela la manzana y se le saca el corazón.

A continuación, se licua todo junto. Este aperitivo resulta perfecto para tomar unos 20 minutos antes de la comida.

Tomate de la huerta

6 tomates maduros
1 limón
1 pepino

Licuamos el pepino, ligeramente pelado, exprimimos el limón y guardamos los dos jugos por separado. Aparte, se lavan los tomates con agua fría, se cortan a trozos y se introducen en la batidora unos instantes, aderezando el jugo con cuatro cucharadas del jugo de limón y cuatro de pepino.
Se acaba de dar el punto añadiendo (opcionalmente) sal al gusto.
El jugo restante de pepino y limón se puede aprovechar para aliñar la ensalada.

Arco iris

3 zanahorias
1 hoja de apio blanco
1 manzana
1/2 remolacha
1 manojo de perejil

Se lavan las zanahorias y el resto de la fruta y la verdura, se licua todo junto y se vierte el jugo en un vaso de boca ancha.
Recordad que si son de cultivo biológico se pueden licuar con la piel, aprovechando sus beneficiosas propiedades.

Aperitivos con remolacha

3 hojas de remolacha
4 o 5 zanahorias
1/2 pimiento verde
1 manzana

Hay que tener más en cuenta la humilde remolacha, porque algunas de sus propiedades son asombrosas. Presentamos tres posibilidades:

Aperitivo: lavar las zanahorias y las hojas de la remolacha. Partir el pimiento por la mitad y extraer todas las pepitas posibles. Limpiar la manzana y licuar todos los ingredientes juntos. Lo original de esta receta es que se utilizan las hojas de la remolacha y no su fruto. El jugo es bastante nutritivo.

Variante: con 3 zanahorias, 1 remolacha y 1 pimiento verde.

Es un jugo muy energético, así que ¡a correr!

Otra variante: con 6 zanahorias, 1/2 remolacha y (opcional) unas hojas de remolacha.

Chispa de tomate

1 limón
3 tomates medianos
1/2 cucharada de rábano picante rallado
1 tallo de apio
1/2 diente de ajo
3 cucharadas soperas de yogur

Se exprime el limón y se reserva el jugo. Se pela el diente de ajo, se lavan los tomates y el apio y se pasa todo por la licuadora. Luego se añade el jugo de limón y el yogur. Se mezcla y se espolvorea con el rábano picado.

Este jugo es de sabor picante. Como alternativa, se puede licuar el rábano junto a las otras hortalizas en lugar de rallarlo.

Aperitivo veraniego

2 tomates rojos bien maduros
1 pepino pequeño
una pizca de orégano, albahaca o pimienta (opcional)

Le quitamos el tallo verde a los tomates y los lavamos. Si se cree que el pepino ha sido encerado, se pela. Lo licuamos todo junto. Es un jugo gustoso, pero se puede alegrar más su sabor con una pizca de orégano, albahaca o incluso pimienta.

79

Sorpresa verde

1 hoja grande de berza
3 manzanas

Se lava y comprime la hoja de berza y se pasa por la licuadora. A continuación, se lava y trocea la manzana sin el corazón, se licua y se añade su jugo al de la berza, cuyo sabor apenas notaréis.

Cóctel de coliflor

4 zanahorias
2 ramitos de coliflor con su tallo
1 manzana dulce
1 manojo de perejil

Se lavan, cortan y licuan las verduras, empezando por el perejil. El jugo de la manzana (que, como el de zanahoria, combina bien con casi todo) se añade al final. El sabor dulce de este cóctel agrada a cualquier paladar.

Bebida invernal

6 zanahorias
2 ramas de apio blanco
2 dientes de ajo
1 manojo de perejil

Lavamos y preparamos las zanahorias, el apio y el perejil. Pelamos los ajos y los licuamos junto a las verduras. Si licuamos primero el ajo, el jugo del resto de ingredientes ayudará a arrastrar su olor y lo eliminaremos más fácilmente de las paredes del electrodoméstico.

Cóctel de brécol

4 zanahorias
3 ramitos de brécol con su tallo
1/2 manzana

Se lavan bien las verduras y la manzana, en especial el brécol para eliminar los insectos que puedan quedar entre sus hojas.

Se licuan todos los ingredientes y se bebe enseguida.

Cóctel de endibias

1 endibia
3 zanahorias
1/4 parte de una lechuga

Es un auténtico «cóctel de calcio» por su alto contenido en este mineral. Incluso hay quien le añade alguna hoja de ortiga bien limpia (úsese con guantes, para no «ortigarse») con el fin de lograr aún más calcio.
Se licua como de costumbre.

Zanahorias tonificantes

6 zanahorias medianas
2 pimientos rojos
1 pimiento verde
1/2 brécol

Una vez preparados todos los ingredientes como de costumbre, se licuan y se toma el jugo inmediatamente para que no pierda propiedades.

Piel siempre tersa

6 zanahorias
1/2 pimiento verde

Se lavan y rascan las zanahorias. Se parte el pimiento por la mitad, se lava y se desechan las semillas y el rabo. Lo licuamos todo junto.

Truco. Si preparamos a menudo jugo de zanahorias es posible que las piezas de la licuadora queden teñidas a pesar del lavado habitual. Para evitarlo, dejadlas unas horas en una disolución de agua y una o dos gotas de lejía. Luego, aclarar con agua abundante.

Variante: añadir una ramita de apio.

Coles de Bruselas en compañía

1 tomate maduro
1 zanahoria
1 rama de apio
2 coles de Bruselas
cubitos de hielo (opcional)

Una vez limpios y preparados, se licuan todos los ingredientes. En época de calor puede servirse el jugo con unos cubitos de hielo.

Jugo de ensalada de hortalizas

3 ramitos de brécol
1 diente de ajo
2 tomates maduros
2 tallos de apio
1/2 pimiento verde

Se lavan los tomates y se les quita el tallo. Se limpian con agua el brécol y el pimiento verde, sin las semillas. Seguimos con el apio, desechando las hojas, y por último pelamos el ajo.

Se pasa el brécol por la licuadora y, a continuación, el ajo, para acabar con los tomates, el apio y el pimiento, por este orden. Puede condimentarse al gusto.

Cóctel de la huerta

1 diente de ajo
3 ramitos de brécol
2 hojas de berza
5 zanahorias
pimienta de cayena
sal, vinagre
y aceite de oliva (opcional)

Pelamos los ajos y lavamos el resto de ingredientes. Envolvemos con las hojas de berza el brécol y los ajos y pasamos el hatillo por la licuadora junto con la zanahoria. Se añade pimienta al gusto. Para dar un sabor más fuerte, puede aliñarse con sal, vinagre y aceite de oliva.

Dulce de remolacha

4 zanahorias
3 remolachas pequeñas
1/2 lechuga romana
2 naranjas
2 manzanas

Se lava todo (las zanahorias y las remolachas con un cepillo y agua) y se pelan las naranjas. Se licua todo junto y se sirve el jugo en copas altas. Pueden sustituirse manzanas por peras.

Piel amarilla

4 zanahorias
1/2 manzana
1 rodaja fina de jengibre

Cepillamos y lavamos las zanahorias, la manzana y el jengibre y lo licuamos todo junto. La manzana restante se puede aprovechar para elaborar otro jugo o una ensalada.

De tierra y sol

1 remolacha pequeña
1 manojo de perejil
1 rodaja de piña

Este jugo no es apto para principiantes, pues aunque la piña corrige parte del sabor intenso de la remolacha, puede resultar un poco fuerte.

Se licua todo junto, teniendo la precaución de empezar por el perejil (así, al licuar el resto, se arrastra su sabor). No es aconsejable tomar más de un jugo de remolacha al día.

Cuando uno se acostumbra al sabor del perejil, lo acaba añadiendo a la mayoría de jugos de hortalizas, y con un poquito de tomate sabe muy bien.

Waldorf

4 manzanas
2 ramas de apio blanco

Se lavan las manzanas y el apio y se licuan. Estos dos sabores se complementan muy bien y el jugo gusta a todos.

Rapsodia de manzana

3 manzanas medianas
1 tallo de apio
3 zanahorias medianas
1 limón

Se lavan las manzanas (si tienen aspecto de haber sido enceradas, es mejor pelarlas), el apio y las zanahorias. Pelamos el limón y lo licuamos junto con el resto de los ingredientes.

Variante. Esta «Rapsodia de manzana» es una de las variantes del cada vez más popular jugo mixto de manzana y zana-horia, que suele prepararse a partes iguales.

Gazpacho de color

6 tomates rojos muy maduros
1 pimiento verde
1 pepino
2 dientes de ajo
1/2 cebolla
miga de pan del día anterior
1 puñado de almendras
tostadas y peladas
1 l de agua
sal, aceite y vinagre (opcional)
1/2 naranja (opcional)

En esta receta, los ingredientes están calculados para unas seis personas. Para preparar este delicioso gazpacho, primero lavamos los tomates (no hace falta pelarlos) y el pimiento, éste bajo el chorro de agua fría hasta que no le queden semillas. A continuación, pelamos los ajos y la cebolla y lo trituramos todo hasta obtener un puré espeso.

Colamos la pasta para extraerle todo el jugo (podemos ayudarnos con la maja del mortero) y añadimos el agua, la miga de pan –que previamente habremos tenido en remojo con el aceite y el vinagre–, y las almendras picadas. Lo batimos todo con el brazo triturador y añadimos sal al gusto. Se sirve bien frío. Como alternativa, se puede añadir el jugo de media naranja.

Extracto vegetal

2 hojas de lechuga
4 hojas de col
5 zanahorias
3 ramitos de brécol
1/2 manzana

Después de preparar los ingredientes como de costumbre, comprimimos (escurrimos) las hojas de lechuga y las de col y las licuamos junto al brécol, la manzana y las zanahorias.

El purificador

2 o 3 zanahorias (según tamaño)
1/2 pepino
1/2 remolacha

Se rascan y lavan las zanahorias, se pelan el pepino y la remolacha y se licuan todos los ingredientes. Este jugo resulta ideal para aquellas personas que son «demasiado» aficionadas a los productos cárnicos y a las grasas, ya que es altamente desintoxicante, como su nombre indica.

Remolacha, limón y endibia

1 endibia
1 remolacha pequeña
2 limones

Otra excelente manera de tomar jugo de remolacha. El limón puede ser en jugo.

Piel roja

6 zanahorias
1/2 remolacha
1 manojo de perejil

Lavar las zanahorias, la remolacha y el perejil. A continuación, licuar los ingredientes teniendo la precaución de empezar y acabar con las zanahorias. Es un jugo muy recomendable para los días de cansancio físico o psíquico: estrés, fatiga primaveral...

Tomate afrodisíaco

3 tomates medianos
2 zanahorias
2 ramitas de apio

Se lavan y trocean los tomates; se limpian bien las ramitas de apio con agua y se rascan las zanahorias con un cepillo debajo del grifo. Licuamos todos los ingredientes y servimos el preparado bien frío. Se le puede añadir una pizca de azúcar integral de caña, aunque es preferible disfrutar del sabor de las verduras al natural.

Tango de rábano

6 rábanos
2 pepinos medianos
1 tomate
6 hojas de col
1 remolacha mediana

Lavamos los rábanos y la remolacha con un cepillo y agua fría. Los pepinos se pelan, ya que se les suele aplicar una cera para que parezcan más lustrosos y ésta no se elimina con el agua (si son biológicos, pueden licuarse

sólo lavándolos). Lavamos el tomate y las hojas de col y, por último, pasamos todos los ingredientes por la licuadora. Puede añadirse otro tomate (al gusto). El nombre de «tango» tiene que ver con el sabor picante de los rábanos.

Tomates con germinados

2 tomates
2 zanahorias
jugo de germinados
(alfalfa y trigo)
1 pepino
1 pimiento
1 tallo de apio
perejil al gusto

Se lavan y trocean todas las verduras antes de licuarlas y filtrarlas. Al jugo obtenido se le añaden varias cucharadas de los jugos de los germinados (ver fotografía en pág. 87).

Jugo Breuss

1 remolacha cruda
2 zanahorias
1 penca de apio
1 patata pequeña
4 rabanitos

Se pueden usar también los trozos de tallo y las hojas más tiernos. El Dr. Breuss, médico naturista alemán, recomendaba este jugo a sus pacientes.

Pinceladas verde y naranja

5 zanahorias
5 hojas de espinaca
5 hojas de lechuga
1/4 de apio
4 ramitas de perejil

Se lavan las hortalizas, se licuan y se bebe el jugo bien fresco. Es mejor que el apio sea de la parte gruesa del tallo.

Tónico de verduras

1 brécol
1 manojo de apio
3 tomates grandes
4 coles de Bruselas
3 zanahorias grandes
1/2 manojo de cebollas escalonias
2 ramas de perejil

Se pelan las cebollas y se limpia el apio desechando las hojas grandes. Se eliminan las hojas exteriores de las coles de Bruselas. Se cepillan con agua las zanahorias y se lava todo. Y listo para licuar.

Zanahoria antiestrés

1-2 zanahorias
1 manzana
2-3 coles de Bruselas

Se pasa todo por la licuadora y se sirve al instante

87

Lechuga y remolacha para dormir mejor

100 g de lechuga
100 g de remolacha pelada

Se toma antes de acostarse. Ayuda a combatir el insomnio.

Jugo verde

6 hojas de lechuga grandes
2 cebolletas cortadas
1/4 de pepino troceado
125 ml de agua mineral sin gas

Se vierten todos los ingredientes en una batidora o en un robot de cocina y se baten a fondo durante 30 segundos. El jugo se pasa por un colador y se sirve de inmediato.

Para elaborar este jugo sirve cualquier lechuga tradicional; el secreto está en utilizar las hojas exteriores (si no están estropeadas), que son más nutritivas y ricas en clorofila, así que ¡no las tires! El pepino le da frescor y la cebolleta le da cierta sutileza al jugo.

Sin dolor de cabeza con apio y repollo

300 g de repollo
100 g de apio

Una vez al día, en ayunas.

Hinojo y pimiento rojo

1 bulbo pequeño de hinojo troceado
1 pimiento rojo sin el rabo y troceado
1 naranja pelada

Se meten el hinojo, el pimiento rojo y la naranja en la licuadora. Se remueve el jugo con una cucharilla y se sirve.

Hortalizas tranquilizantes

2 tajadas de sandía
3 hojas de col rizada
1 tomate
1 tallo de apio

Jugo de efectos tranquilizantes contra la ansiedad y los nervios.

Batido sabroso de hinojo

1/2 bulbo de hinojo, cortado muy fino
1 zanahoria, pelada y rallada
2 tomates maduros grandes troceados
125 ml de agua mineral sin gas

Se ponen todos los ingredientes en una batidora o en un robot de cocina y se baten a fondo durante 30 segundos. Se pasa el jugo por un colador y se sirve enseguida. Lo mejor es tomar crudo el hinojo, que es muy

«Lechuga y remolacha», «Hinojo y pimiento rojo»,
«Sin dolor de cabeza con apio y repollo» y «Hortalizas tranquilizantes»

digestivo y da a todos los jugos un toque anisado. Dosifícalo con cuidado, porque se trata de un sabor de fuerte personalidad y siempre estás a tiempo de añadirle un poquito más. Con un poco de práctica acabarás mezclándolo con los ingredientes preferidos de tus ensaladas.

Lechuga, pimiento y manzana

1 lechuga redonda troceada
1 pimiento verde sin el rabo y troceado
1 manzana sin el rabo y troceada

Se pasan la lechuga, el pimiento y la manzana por la licuadora, removemos y servimos.

Ruibarbo, pera y jengibre

2 troncos de riubarbo sin las hojas
2 peras sin los rabos y troceadas
1 cucharada de jengibre troceado

Pasamos el ruibarbo, las peras y el jengibre por la licuadora. Removemos y servimos enseguida.

Cebolla y naranja

1 cebolla roja, pelada y troceada
2 naranjas, peladas y troceadas
150 ml de agua mineral sin gas

Ponemos todos los ingredientes en una batidora o en un robot de cocina y lo batimos a fondo durante 30 segundos. Después lo pasamos por un colador y lo servimos.
Las cebollas rojas (tipo «Figueres») son más digestivas y dan lugar a una original combinación con la naranja, en jugo y en las ensaladas.

Piña *carrot*

1/2 piña
2 zanahorias grandes
1/2 limón

Puede prepararse licuando todo o bien con la zanahoria triturada. Veamos este segundo procedimiento: se lavan bien las zanahorias y se trituran. Se pela la piña extrayéndole el corazón y se licua. Exprimir el medio limón. Se mezcla la zanahoria triturada con el zumo de piña y una cucharada de jugo de limón; puede añadirse hielo picado al servir.

Espinaca y naranja

un manojo generoso de espinacas pequeñas
2 naranjas, peladas y troceadas
1 manzana troceada
125 ml de agua mineral sin gas

Sin hervir las espinacas, se ponen en el jugo crudas, ya que son mucho más nutritivas. Vertemos todos los ingredientes en una batidora o en un robot de cocina y batimos a fondo durante 30 segundos. Luego lo pasamos por un colador y se sirve.

Remolacha, manzana y apio

1 remolacha cruda troceada
2 manzanas troceadas
2 troncos de apio

Se pasan la remolacha, las manzanas y el apio por la licuadora. Se remueve y se sirve.

Jugo de tomate picante

3 tomates grandes y maduros troceados
1 cucharada de hojas de albahaca
unas gotas de salsa Tabasco o de salsa picante suave
80 ml de agua mineral sin gas

Vertemos todos los ingredientes en una batidora o en un robot de cocina y batimos a fondo durante 30 segundos. Lo pasamos por un colador y lo servimos de inmediato.

Los tomates maduros tradicionales son siempre deliciosos. Vale la pena reacostumbrar el paladar a este jugo de tomate, fresco y recién obtenido con sólo rallar los tomates (pelados, siempre crudos) o pasarlos por un pasapurés. El sabor de una buena salsa de tomate crudo (con sólo una punta de sal y unas gotas de aceite) es incomparable con cualquier otra forma de presentación.
La salsa Tabasco le da un punto picante.
Con jengibre: el jugo de tomate clásico está igualmente muy rico si se le añade un poquito de jugo de jengibre (1,5 cm).

Bloody Mary a las especias

300 ml de jugo de tomate
2 tomates grandes, troceados
el jugo de 1 lima
1 chile rojo, sin semillas y troceado
1 cucharadita de azúcar (opcional)

Presentamos una versión picante y especiada del cóctel clásico, servida con hielo triturado. Ponemos el jugo de tomate, los tomates, el jugo de lima, el chile y el azúcar en una batidora o en un robot de cocina. Lo batimos hasta obtener una mezcla suave y llenamos dos copas de cóctel con hielo picado hasta la mitad. Vertemos esta versión del bloody mary sobre el hielo y lo servimos de inmediato.

Apio crunch

2 troncos de apio grandes con hojas troceados
1 manzana troceada
150 ml de agua mineral

Se vierten todos los ingredientes en una batidora y se baten a fondo durante 30 segundos. Se pasa el jugo por un colador y se sirve. Se puede sustituir la manzana por zanahoria para darle un sabor más dulce. También se puede concentrar el jugo pasando el apio por la licuadora y usando la manzana sin añadir agua.

No nos cansaremos de insistir en las virtudes depurativas y suavemente afrodisíacas del apio. Y recuerda que para obtener todo el sabor conserva las hojas y bate o licua los tronchos con ellas. Por otra parte, ten en cuenta que el sabor del apio es fuerte y conviene dosificarlo al punto de tu preferencia.

Tomate, espinacas y manzanas

3 tomates pera, troceados
1 manojo grande de espinacas
1 manzana sin el rabo y troceada

Se pasan los tomates, las espinacas y la manzana por la licuadora. Se remueve y se sirve.

...y 6 ideas más

1. Zanahoria y manzana
2. Zanahoria y espinacas (bebida alcalina; excelente complejo vitamínico muy recomendable para la digestión).
3. Zanahoria, apio, espinacas y perejil (rico en calcio; si se le añade manzana es más rico y jugoso).
4. Zanahoria, pepino y remolacha
5. Zanahoria, remolacha y espinacas
6. Zanahoria, brotes de alfalfa y lechuga (caída del cabello)

La zanahoria, como puede verse, es un ingrediente perfecto para toda clase de jugos. ¡Y su riqueza en betacarotenos es también uno de los antioxidantes rejuvenecedores más importantes!

93

Jugos tropicales

CÓCTELES SIN ALCOHOL, SENSUALES Y REVITALIZANTES
BEBIDAS DE VERANO

La idea de frutos «exóticos» es un tanto relativa; por ejemplo, el cultivo del kiwi se ha integrado bien en zonas de clima mediterráneo, aunque la fruta original llegue de Nueva Zelanda. En el Mediterráneo nos sentimos muy familiarizados con los plátanos y los dátiles, que en otras zonas aparecen como frutos exóticos. Las fresas tempranas, o las mismísimas naranjas, han sido un lujo hasta hace bien poco en Gran Bretaña o en muchos países de Europa Oriental. En cualquier caso, todos coincidimos en considerar ciertos frutos como tropicales: piña, coco, chirimoya, guayaba, mango, papaya, fruta de la pasión...

A lo largo del libro aparecen frutos tropicales en bastantes recetas. Ahora presentaremos algunas más, en las que esas frutas, tan deliciosas y sensuales, son protagonistas. La idea de estas recetas partió de unos amigos americanos aficionados a los cócteles que un buen día decidieron probar nuevos sabores prescindiendo del alcohol. Crearon en California una «coctelería *orgánica*» («*The California Health Bar*»), y lograron un gran éxito. En este caso, donde los barman clásicos dicen *blender* o «coctelera», nosotros diremos «batidora de vaso». Si no se dispone de batidora de vaso, la de brazo (tipo pimer) también puede servir en alguna receta.

Todas las recetas son para 1-2 personas. Los aderezos finales que proponemos decoran y dan un delicado *toque* final al resultado. ¡Salud! (y nunca mejor dicho).

Néctar divino

110 g de jugo de piña
110 g de jugo de mandarina
80 g de leche de coco
1 plátano en rodajas
coco rallado

Se vierten en la batidora los jugos y la leche de coco con el plátano. Batir bien hasta que espumee. Verterlo en dos vasos helados y decorar con el coco rallado

Ginger & Fred

60 ml de jugo de arándanos
60 ml de jugo de pomelo
60 ml de jugo de naranja
30 ml de jugo de jengibre
1 cucharada de miel
1 rodaja de naranja, como aderezo

Se combinan todos los ingredientes con un poco de hielo picado en una batidora. Agitar bien. La mezcla se vierte en un vaso largo y helado. Añadir la rodaja de naranja.

Mucha pasión

120 ml de jugo de fruta de la pasión
90 ml de néctar de guayaba
3-5 gotas de extracto de almendra
nuez moscada para aderezar

Se combinan todos los ingredientes excepto la nuez moscada con un poco de hielo picado en una coctelera y se agita bien. A continuación, se vierte en un vaso grande helado y se salpica por encima con un poco de nuez moscada.

Papaya frappé

120 ml de jugo de naranja
120 ml de jugo de papaya
120 ml de leche de coco
1 plátano, a rodajas
coco rallado al gusto

Se echan los ingredientes en la batidora y se dejan hasta que se forma espuma. Se vierte la mezcla en un vaso helado y se añade el coco rallado. Para 2.

Autopista celeste

150 ml g de jugo de piña
120 ml de jugo de guayaba
60 ml de jugo de naranja
rodajas de naranja para aderezar

Se añaden los jugos a una batidora de vaso y se mezclan bien hasta obtener una consistencia lisa y sin grumos.
Vertemos el resultado en un par de vasos y lo decoramos con las rodajas de naranja.

Hai Wahwee

150 ml de jugo de naranja
120 ml de jugo de sandía
90 ml de jugo de piña
30 ml de jugo de áloe vera
1 cucharada de polen de abeja

Se combinan todos los ingredientes en el vaso de la batidora y se mezclan bien hasta obtener un batido uniforme. Vertemos el jugo resultante en un par de vasos bien helados.

Gran Lago de China

180 ml de jugo de manzana
120 g de dátiles sin hueso,
rehidratados y chafados
1/2 cucharada de canela
2 clavos de olor

Se baten el jugo de manzana y los dátiles hasta que quede todo bien mezclado. Se vierte la mezcla en un cazo y se deja cocer a fuego lento unos 30 minutos. Se sirve en tazones con asa clásicos.

Tropic papaya-mango

150 ml de jugo de papaya
70 ml de jugo de lima
1/2 mango mediano, pelado,
deshuesado y troceado
1 cucharada de miel

Se ponen los ingredientes en la batidora con un poco de hielo picado y se baten hasta que todo tenga un consistencia

como de nieve a punto de derretirse. El resultado se sirve en un vaso grande helado.

Jugo de caña

Este jugo es muy típico de Santo Domingo. Se pela ligeramente la parte exterior de la caña y se pasa por un exprimidor de rodillos que hace el efecto de licuadora. El jugo se sirve con un poco de hielo picado (ver fotografía).

La caña de azúcar en estado original no produce caries, en contra de lo que se podría pensar, y resulta nutritiva y beneficiosa.

99

Limón caribeño

Se hace un concentrado de limón con limones y un poco de melaza, miel de caña o azúcar integral de caña, al gusto. Este concentrado se suele guardar en el congelador, (¡sólo una vez!) o en el frigorífico. Lo mejor es consumirlo en poco tiempo.

Cuando se quiera obtener una buena jarra para disfrutar con los amigos se utilizará dicho concentrado, al que se le irá añadiendo agua. Antes de servir se le añadirá el jugo de unos limones frescos y (si se quiere) un poco de lima al gusto.

Guacamole suave

1 aguacate Haas maduro, pelado, deshuesado y troceado a cuadritos.
150 ml de jugo fresco y natural de tomate (el tomate se ralla sin la piel o con el pasapurés)
60 ml de jugo de lima
1 chile verde, pequeño, cortado
1 ajo pequeño picado
sal al gusto
pimienta negra fresca, al gusto
lima (un trozo grande,
en forma de cuña) para decorar

Se combinan en el vaso de la batidora todos los ingredientes menos la sal, la pimienta y el trozo de lima y se baten bien. Se enfría la mezcla en el frigorífico durante una hora y se vierte en vasos grandes bien helados. Añadir sal y pimienta al gusto sin pasarse y servirlo con la cuña de lima.

Presentamos una variante:

Guacamole con pimiento y cilantro

1 pimiento naranja
sin corazón ni semillas
1 aguacate maduro,
pelado y deshuesado
1 cucharadita de semillas de cilantro
el jugo de 1/2 limón
60 ml de agua mineral sin gas
sal y pimienta fresca negra y molida
corteza de limón rallada
pimienta negra para aderezar

Se mezclan el pimiento naranja, el aguacate, las semillas de cilantro, el jugo de limón y el agua en una batidora y se baten hasta obtener una crema fina. Sazonar al gusto. Luego se vierte en boles (o cuencos de sopa) y se esparcen por encima la corteza de limón rallada y la pimienta negra molida.

Luna mora a la menta

120 ml de jugo de piña
120 ml de jugo de kiwi
120 ml de jugo de papaya
tisana de menta fresca
como aderezo

Se combinan los jugos en la batidora con un poco de hielo picado; se baten hasta que la mezcla espumea y se vierten en dos vasos de vino previamente helados.
Por último, aderezar con la menta al gusto.

Mango locura

120 ml de uva blanca
120 ml de jugo de manzana
(opcional: sidra)
90 ml de jugo de mango

Se combinan todos los ingredientes en una coctelera y se agita vigorosamente. Se vierte el resultado en dos vasos grandes bien helados.

Besos de pasión

60 ml de jugo de fruta de la pasión
1 cucharada de sirope
(o mermelada) de frambuesa
agua mineral con gas (o jugo)
1 rodaja de naranja, para aderezar

Se mezclan el jugo y el sirope en un vaso grande, bien helado y se termina de llenar con agua mineral o jugo, removiendo suavemente.
Se adereza con la rodaja de naranja.

Pink splash

90 ml de jugo de melocotón
60 ml de jugo de guayaba
Agua mineral con gas
1 ramita de menta fresca

Se ponen los jugos en una coctelera con un poco de hielo picado y se agita. Se vierte la mezcla en un vaso grande bien helado y se acaba de llenar con agua mineral con gas o jugo. Se remueve y se adereza con la ramita de menta fresca.

Pasión por la piña

1 piña madura pequeña,
pelada y troceada
1 trozo de jengibre (2,5 cm) pelado
175 ml de agua mineral sin gas

Se vierten todos los ingredientes en una batidora o en un robot de cocina y se baten a fondo durante 30 segundos. Se cuelan y se sirve enseguida. Para 2-3 personas
La piña y el jengibre tienen propiedades digestivas y forman una combinación excelente. El secreto está en elegir una piña madura, con un olor dulce y fragante, y que se puedan romper fácilmente las hojas de su coronilla.

Combinaciones

Deliciosas recetas del establecimiento vegano barcelonés «*Juicy Jones*», fáciles de preparar en casa. Además, permiten múltiples combinaciones.

Probadlas, os encantarán:

- **Mango, piña y zanahoria**
- **Pera, piña y mango**
- **Naranja, papaya y piña**
- **Uva, piña y fruta de la pasión**

Caribeño de piña y naranja

3 rodajas de piña
jugo de una naranja

Quitamos la piel de la piña. Cortamos tres rodajas, les quitamos el tronco central y lastroceamos. Se licua el jugo y se mezcla con el de la naranja.

Delicia de mango

60 g de mango maduro, chafado
3 fresas grandes o fresones
30 ml de jugo de lima
1 rodaja de lima, para decorar

Se combinan en una batidora todos los ingredientes, excepto una de las fresas y la rodaja de lima con un poco de hielo picado.
Se remueve bien la mezcla y se vierte en un vaso grande de vino bien helado. Decoramos con la fresa y la rodaja de lima y añadimos el hielo picado.

Sabor tropical

1 plátano maduro, pelado y troceado
1 mango maduro de tamaño medio,
pelado, deshuesado y
cortado a láminas
el jugo de 1/2 lima y la ralladura
de su cáscara
60 ml de jugo de naranja
ralladura de lima para la guarnición

Mezclamos el plátano, el mango, el jugo y la cáscara de la lima y el jugo de naranja en una batidora o en un robot de cocina. Batimos hasta obtener una textura fina y servimos la crema resultante en dos cuencos, coronada con la ralladura de la lima. Para 2 personas.

«Caribeño de piña y naranja»

Batidos, horchatas y «leche» vegetal

Los batidos son perfectos como complemento de la alimentación, y a veces, incluso para sustituir alguna comida. Preparar unos ricos batidos, como *Abeja de miel*, *Caribe mix* o la *Delicia de mango y melocotón* es toda una fiesta para el paladar, sobre todo para los más pequeños. Preparar batidos en casa permite controlar mejor la calidad de los ingredientes y **evitar el azúcar** o los almíbares que añaden en algunos establecimientos. ¿Por qué lo hacen? Para enmascarar la menor calidad de sus frutas, recogidas aún **verdes**, y por tanto con escaso dulzor natural.

Existen batidos que parten de la **leche** y sus derivados, batidos con base de **frutas** y batidos que contienen licuados o «**leche**» de soja, **frutos secos** o **cereales**. Las «leches» de **arroz** y de **avena**, por ejemplo, son de lo más digestivo y son extraordinariamente nutritivas. Los licuados de soja cuestan algo más de digerir, pero por su valor nutricional hay que tenerlos cada vez más en cuenta. Así pues, dejad descansar la licuadora: **la batidora** es ahora la protagonista de estas recetas.

Chirimoya, coco, piña

1/2 kg de chirimoyas
1/2 coco fresco (unos 150 g)
1 piña americana (ananás)

Se pela y se parte la piña en trozos, se pasa por la licuadora y se reserva el zumo. Se lavan, pelan y trocean las chirimoyas y se desechan las semillas. Se trocea el coco y se tritura con una picadora o molinillo. Para acabar, se bate el zumo de la piña junto con la pulpa de las chirimoyas y el coco picado. Es mucho más sabroso si se enfría antes de servirlo.

Batido de plátano y leche

1 plátano
1 vaso de leche

Es tan, tan fácil... Se pela el plátano y se bate con la leche. Por su textura, el plátano no se licua, sino que se pasa por la batidora. Luego, cada cual le añade su «secreto» (una pizca de canela, por ejemplo). Su sabor dulce y característico le da un toque básico a cualquier combinación que se prepare. Se puede sustituir la leche por leche vegetal de avena o de soja.

Horchata de chufa

Chufas y agua
azúcar o endulzante al gusto

La chufa llegó a España con los árabes. Primero la sembraron en Málaga, pero la tierra y el clima no eran los idóneos para dar el punto especial de sabor a aquel refresco capaz de calmar la sed de los nómadas del desierto de Chufi, la región sudanesa de donde procede este pequeño tubérculo (se cultiva bajo tierra, como las patatas).

Cerca de Valencia (L'Horta) encontraron el suelo arenoso, la temperatura y el entono idóneos para que la chufa adquiriera su máxima calidad y su dulce sabor. Actualmente, se cultivan unas 800 Ha, que producen unos 6 millones de kg de chufa.

¿Qué es una «horchata»? Según la historia, el rey Jaume I estaba de paseo una calurosa tarde de verano de 1240 cuando, sudoroso y sediento, paró a descansar con su séquito en una alquería mora de la Alboraia. Una muchacha le ofreció un vaso de un líquido blanco, desconocido y tan refrescante que logró terminar con la sed del monarca, que tras probarlo entusiasmado, dijo: «Això és or, xata» («esto es oro, nena»). Sin saberlo, el rey acababa de bautizar ese nutritivo refresco.

Vale la pena preparar la horchata en casa, porque las envasadas traen mucho conservante y las de los horchateros mucho azúcar. Es laborioso, pero fácil:

Se lava bien la chufa y se deja en remojo durante 48 horas. Es conveniente lavarla de nuevo en este punto, porque la piel de la chufa se ha dilatado y libera los residuos de tierra que llevaba adheridos a los pliegues. Una vez limpia, ya podemos triturarla en la batidora de vaso. Se echan las chufas bien limpias y se añade agua (suficiente para que las cubra). Conviene que quede bien molida.

Ya sólo queda colarla. Para ello utilizaremos un paño fino de algodón, que al final nos permitirá estrujar la pasta obtenida y obtener todo el líquido que guarda. El resultado es una horchata de chufa concentrada a la que se añadirá agua bien fresca al gusto de cada uno (lo mejor es no poner más de un litro de agua por cada 250 g de chufas).

La horchata de chufa es una bebida excelente para favorecer la producción de leche materna.

Cubano

Con horchata se pueden preparar un sinfín de variantes, como el popular «cubano». Se llena un vaso grande de horchata hasta los 2/3. Se añaden un par de bolas de helado de chocolate, turrón de jijona o vainilla y se sirve con palas o con cucharitas largas.

106

«Horchata de chufa»

Horchata de arroz

100 g de arroz integral
la corteza de medio limón
250 ml de agua
1 cucharada de miel o de azúcar

Se pone el arroz en remojo y se deja durante una noche. Luego se pasa por la picadora junto con la piel del limón. A continuación, se añade agua y se deja reposar unas horas. Antes de servir la horchata, se cuela y se endulza. Guardadla en el frigorífico para tomarla bien fresca.

Horchata de piñones

1 cucharada de piñones
1/2 l de agua fría

Se remojan los piñones en el agua fría una noche. Se sacan del agua y se pasan por la picadora, agregando poco a poco el agua del remojo hasta que el líquido tenga una consistencia

homogénea y cremosa. Se deja reposar unas horas, se pasa por el colador y se le agrega azúcar integral de caña antes de servir.

Horchata de avellanas

70 g de avellanas
1/2 l de agua fría

Se sigue el mismo procedimiento que para la receta anterior. Las avellanas se pasarán con piel.

Horchata de almendras

100 g de almendras
1/2 l de agua fría

Se sigue el mismo procedimiento que para la horchata de piñones. Es mejor pelar las almedras después de tenerlas en remojo.

Batido de leche kefirada

1 plátano en rodajas
dátiles deshuesados
1 cucharada de germen de trigo
2 cucharaditas de azúcar de caña

Se cuela el kéfir y se vierte en la batidora. Se añaden dos cucharaditas de azúcar integral por vaso y una gota de esencia de limón (con cuidado). Añadimos los plátanos, los dátiles y el trigo, batimos y servimos bien fresco.

Mango y yogur

1/2 l de yogur
250 ml de infusión de menta
1 mango

Se pela y trocea el mango y se baten todos los ingredientes en la batidora hasta obtener una mezcla homogénea. Endulzamos con azúcar integral de caña, al gusto. Enfriar en el frigorífico.

«Batido de plátano y kéfir», «leche de arroz», «horchata de almendras (con canela)»

Plátano y moras

1 plátano,
moras, al gusto
licuado o «leche» de soja

Se baten el plátano y las moras con un poco de leche de soja y se vierten en el vaso. Se añade más leche de soja al gusto, según se prefiera más o menos espeso. Está también muy rico con licuado o «leche» de avena.

Batido de plátano y kéfir

1 plátano
3 dátiles deshuesados
1 cucharada de gérmen de trigo
150 cc de kéfir
2 cucharadas de azúcar integral
canela en polvo

Licuamos todos los ingredientes a la vez y batimos hasta obtener una textura homogénea. El batido se sirve bien frío y decorado con canela en polvo.

Peras y membrillo

200 cc de leche vegetal
1 membrillo
2 peras

Se pela y trocea el membrillo y se coloca, con la leche, en un cazo que se calentará a fuego lento unos diez minutos. Luego se agregan las peras peladas y cortadas en trozos. Finalmente, se pasa todo por la batidora y se cuela el líquido obtenido. Se puede servir caliente o frío.

Kéfir con fresas

150 cc de kéfir
10 fresas medianas
1 cucharada de miel

Lavamos, troceamos y batimos las fresas junto con el kéfir. Añadimos la miel y removemos hasta obtener una mezcla de textura homogénea, servida bien fría. En turco, la palabra «keif» significa «sensación agradable», lo que viene a indicar los efectos refrescantes y saludables de esta bebida, que desde hace siglos se consume en Oriente Medio. De fermentación hidroalcohólica, el kéfir posee cualidades similares a las del yogur (de fermentación láctica, como se sabe).

Bebida de leche de arroz

1 l de leche de arroz
jugo y cáscara de 1 limón
1 ramita de canela
miel o azúcar moreno

Se cuece la leche de arroz con la corteza de limón, la ramita de canela y el azúcar moreno o la miel durante unos minutos a fuego lento.
Se retira el cazo del fuego y se añade el jugo del limón, batiendo intensamente para que sus sabores se mezclen de una forma homogénea. Degustar la bebida fría o caliente, según gusto.

«Plátano y moras»

Batido de almendras con frutas

1 l de horchata de almendras
400 g de fresas y 2 naranjas
4 cucharadas de miel

Exprimimos las naranjas y reservamos el jugo en un vaso aparte. La fruta se tritura con un tenedor hasta reducirla a una pasta homogénea. Se coloca en una jarra y se le agrega poco a poco la horchata, removiendo para que ambas se mezclen bien.

Se vierte la miel en el jugo y se remueve hasta su dilución. Agregamos el jugo de naranja endulzado a la jarra con la fruta y la horchata, ponemos el batido a enfriar brevemente y lo servimos en vasitos.

Es un batido muy nutritivo y rico en vitaminas, pero se debe tomar solo y beber poco a poco: se saboreará y digerirá mejor.

A continuación os presentamos recetas con lassi; veréis que permite muchas variantes. El lassi es una bebida procedente de la India, que refresca extraordinariamente tanto el paladar como el estómago, sobre todo tras una comida picante.

Lassi de zanahoria y menta

1,5 kg de zanahorias tiernas
60 g de menta fresca
250 ml de yogur natural
2 cucharadas de azúcar moreno
400 ml de agua fría

Se lava bien la menta y también las zanahorias, que habremos «rascado» o pelado. Introducimos la menta en la licuadora, reservando algunas hojas para decorar, y a continuación licuamos las zanahorias.

Juntamos en la batidora el jugo obtenido con el yogur, el azúcar y el agua. Lo batimos y lo servimos fresco. Para 4 personas.

Lassi tradicional

1 taza de yogur natural
1 taza de jugo de frutas
2 plátanos
1 pizca de canela o nuez moscada
miel o azúcar integral

Se vierten todos los ingredientes (el hielo es opcional) en la batidora a velocidad media para que se mezclen bien y adquieran una consistencia cremosa.

Mithi lassi

1/2 l de agua helada
3/4 l de yogur
120 g de azúcar integral o miel
1/2 cucharadita de agua de rosas
2 pizcas de cardamomo en polvo

Se bate el agua helada con el yogur y luego se mezcla bien con el resto de ingredientes. También puede prepararse con fresas, sustituyendo el agua de rosas y el cardamomo por 200 gramos de fresas. Es delicioso.

«Lassi de zanahoria y menta»

Lassi a la menta

1 yogur
1 tacita de tisana de menta
concentrada
La pulpa de un mango o melocotón
2 rodajas de piña
1 plátano aplastado con un tenedor
1/2 cucharada de miel

Se bate la mezcla con hielo picado o se toma el jugo bien frío.

Thandai

50 g de anís
1/2 l de agua
65 cl de leche
100 g de pasas
50 g de pistachos
1/2 cucharadita
de cardamomo en polvo
4 cucharadas de miel

Dejamos remojar las pasas en agua templada durante diez minutos. Hervimos a fuego lento los granos de anís en el 1/2 l de agua. Mezclamos los pista-chos, las pasas escurridas, el cardamomo y la leche y lo batimos todo junto. Suele colarse. Endulzar con miel y enfriar.

Yogur con pepino

1 taza de yogur
1 pepino
1 cucharada de cebolla picada

Se lava el pepino, se pica la cebolla y se vierten, junto con el yogur, en un vaso mezclador. Sale un batido de consistencia uniforme y sabor especial.

Suero de leche con pepino

200 cl de suero de leche
1/2 pepino
4 hojas de menta
cubitos de hielo (opcional)

Se limpia y pela ligeramente el pepino. Se lavan las hojas de menta y se sacuden para eliminar el agua sobrante. Las licuamos junto al pepino y batimos el jugo junto al suero de leche.
Se sirve bien frío o con unos cubitos de hielo.

Batido de plátano y almendras

4 plátanos
50 g de almendras crudas fileteadas
1/2 l de leche de almendras
1 cucharada de miel

Se pelan y trocean los plátanos y se ponen en la batidora junto con la leche de almendras y la miel. Se baten bien y se sirven en vasos, decorando los batidos con las almendras fileteadas.

¿Leche de vaca o «leche» vegetal? La leche de vaca que aparece en las recetas de este capítulo puede sustituirse sin problemas por licuado de soja (o de avena, más fácil de digerir).

«Té verde con especias», «Pepino despertador», «Brío» y «Lassi a la menta»

Tisanas y otras bebidas

BEBIDAS DIFERENTES
Y TISANAS PARA AROMATIZAR LOS JUGOS

En este capítulo se incluyen algunas bebidas con germinados de semillas y otras que son «diferentes», además de tisanas para que, en pequeñas cantidades, perfumen algunos jugos, como sucede con la menta. Para profundizar un poco más en la extraordinaria vitalidad de los germinados se pueden consultar los libros *«Energía y salud con los germinados»* y *«Salud y vitalidad con la hierba del trigo»*, de Ann Wigmore, ambos publicados en esta misma editorial. Sobre té y tisanas, ver bibliografía al final de este libro.

Té verde con especias

1 cucharadita de té verde
1 taza de agua
piel de naranja y de limón bio
nuez moscada
vainilla en rama
zumo de limón
hielo picado (opcional)
1 cucharadita de azúcar integral

Se pone el té en el fondo de una tetera y se añaden las mondaduras de naranja y de limón bio, un poco de nuez moscada, la ramita de vainilla y el azúcar integral. Vertemos encima agua hirviendo, tapamos para que se haga infusión y se deja enfriar. Al servirlo se añade hielo picado, el zumo de naranja y unas gotas de limón.

Pepino despertador

2 peras
1 manojo de berros
6 hojas de col
1/2 pepino
2 tomates

Se lavan bien todos los ingredientes, se pelan y cortan a trozos pequeños y se licuan.

Lassi a la menta

1 yogur
1 tacita de tisana de menta
La pulpa de un mango o melocotón
2 rodajas de piña
1 plátano aplastado con un tenedor
1/2 cucharada de miel

Sabor hindú para occidentales.

Lechuga relajante

100g de lechuga
100g de remolacha pelada

Se toma antes de ir a dormir.

Bebida al maíz

20 g de maíz
1 limón
1 l de agua
1 cucharada de miel

Se exprime el limón y se guarda el jugo. Se pone agua a hervir con el maíz y se mantiene la cocción quince minutos.
Filtramos el líquido y lo dejamos enfriar. Agregamos el jugo del limón y la miel y lo removemos. Esta bebida es rica en vitaminas y resulta muy útil para tratar las enfermedades de la piel por falta de vitamina B.

Pepino con limón

0,75 l de jugo de pepino
250 ml de jugo de limón

La combinación del jugo de limón y del pepino es deliciosa y posee destacadas propiedades depurativas y nutritivas.

Brío

1 zanahoria
5 hojas de espinaca
2 hojas de lechuga
1 tallo de apio
1 tomate
1/2 aguacate triturado

Se lavan bien todas las verduras, se cortan en trozos pequeños y se trituran. «Brío» es ideal contra la fatiga.

Cóctel de zanahoria, manzana y miel

250 ml de jugo de manzana
1 l de jugo de zanahoria
miel

La combinación clásica. Se licuan las manzanas y zanahorias limpias y se mezclan los jugos. Endulzar con miel.
En cuanto a cantidades, lo normal es una medida de jugo de manzana por cada cuatro de jugo de zanahoria.

Menta de la abuela

Hojas de hierbabuena
flores de manzanilla
semillas de hinojo

Esta receta, procedente de Europa central, puede prepararse con menta piperita en vez de hierbabuena. Se endulza con miel.

La elegida del emperador

Canela
hojas de zarzamora
raíz de achicoria tostada
piel de naranja (bio), rallada
escaramujo
raíz de jengibre y raíz de regaliz
panax ginseng
agua

Esta infusión se puede preparar, según el gusto de cada uno, variando las proporciones. Con la tisana resultante pueden a su vez elaborarse otras, como las de las recetas siguientes:

Néctar del emperador

8 cucharaditas de la tisana
«La elegida del Emperador»
1/2 l de agua hirviendo
1/l de jugo de piña
1 l de jugo de arándanos
1 cucharada de jugo de limón
miel

Una vez preparada la tisana (ver receta anterior), se mezcla con el agua hirviendo y los demás ingredientes y se sirve a temperatura ambiente. No debe recalentarse. Salen entre 8 y 10 vasos.

Bebida de ciruelas

125 g de ciruelas pasas
1,5 l de agua
miel (opcional)

Se cuecen las ciruelas pasas en el agua durante diez minutos. Se deja reposar, se cuela y se espera a que se enfríe. Es ideal para casos de estreñimiento.

Jarro de frambuesas

frambuesas
flores de hibisco
flores de manzanilla
agua
canela

Se ponen los ingredientes en agua hirviendo y se deja reposar durante 10 minutos. Se deja enfriar y se cuela. Se puede endulzar con miel. Con esta tisana se puede preparar además:

Frambuesa y manzana

8 cucharadas de «Jarro de frambuesas»
1 l de jugo de manzana
1/2 l de agua hirviendo
rodajas de naranja

Se hace una infusión de cinco minutos, se cuela y se mezcla con el jugo de manzana. Finalmente, añadimos las rodajas de naranja y servimos.

Patch de frambuesa

flores de hibisco
raíz tostada de achicoria
piel de naranja (bio) rallada
frutas secas en polvo (frambuesa, pera, manzana)

Es ideal como refresco estival para la sed. Para preparar un té helado a base de patch de frambuesa, se vierte medio litro de agua hirviendo sobre 4 cucharaditas de tisana, se deja reposar unos cinco minutos y se cuela. Puede endulzarse con de miel mientras está en infusión. Añadimos 1-2 vasos de agua fría y guardamos en el frigorífico.

Jugo depurativo de naranja

limón y naranja
licuado de alfalfa germinada
miel al gusto
agua con gas

Más sobre germinados en p. 184

«Jugo depurativo de naranja»

Ponche del pelícano

flores de manzanilla
hojas de hierbabuena
algarrobas tostadas
semillas de fenogreco
semillas de hinojo
malta de cebada tostada
vainilla

Una bebida perfecta para los niños; les gusta y es saludable. Su agradable sabor aún se puede endulzar con miel.

Dulces sueños

flores de manzanilla
hojas de hierbabuena
flores de tila
hojas de zarzamora
flor de naranjo
frutos de espino albar
hojas de pasionaria

Esta infusión permite una gran cantidad de variaciones, y es muy indicada para relajar y para favorecer el sueño.

Zíngaro escarlata

flores de hibisco
limón (pulpa y hojas bien limpias)
piel de naranja (bio) rallada
miel

La infusión se prepara con agua hirviendo, según convenga. Se puede tomar fría o caliente.

Explosión solar

flores de hibisco
hojas de zarzamora
flor de naranjo
flor de manzanilla
raíz tostada de achicoria
raíz de regaliz
almendra (aroma o en polvo)
jugo de naranja

«Explosión solar» es una infusión suave, a la que se agrega jugo de naranja, por lo que resulta indicada para empezar el día. Se puede endulzar con miel. Con ella podemos preparar la receta «Viñedo soleado»:

Viñedo soleado

6 cucharadas de «Explosión solar»
0,75 l de jugo de uva blanca
1/2 l de agua hirviendo
2 cucharadas de miel

Esta infusión es muy nutritiva y depurativa, gracias a las propiedades de la uva.

Natural de uvas

racimos de uvas (unos 300 g por persona y vaso)
jugo de limón (opcional)
miel (opcional)

Se lavan y desgranan las uvas, se pasan por el pasapuré y se cuelan, aplastando bien los restos de uva con una cucharilla. Si se echan en el vaso de la batidora (el grano con semillas), el jugo resultante será ligeramente áspero, pero no menos nutritivo. Con un poco de jugo de limón el resultado final será más ácido. Y con miel, más dulce.

«Zíngaro escarlata» y «Natural de uvas»

Cómo combinar bien

COMPATIBILIDADES DE FRUTAS Y VERDURAS
... Y DEL RESTO DE ALIMENTOS

Para potenciar al máximo toda la riqueza de los jugos conviene tener en cuenta que, a menudo, las combinaciones más sencillas son las que más resultan. Y, sobre todo, no todas las mezclas son adecuadas; es más, algunas incluso combinan francamente mal. Sobre esta cuestión los naturistas desarrollaron una intuitiva clasificación de alimentos a principios del siglo XX, demostrada y completada años más tarde por los médicos Howard Hay y Ludwig Walb. Es lo que conocemos como «**Compatibilidades de los alimentos**».

Para comprender en un instante su importancia, el célebre médico naturista Dr. Vicente L. Ferrándiz solía poner el ejemplo siguiente: «¿Bebería Ud. un vaso de leche y vinagre combinados a partes iguales?» seguro que no; a nadie se le ocurriría tal cosa. Pues bien, de igual forma existen buenas y malas combinaciones (compatibilidades) de los alimentos que nuestro instinto perdido y nuestro paladar dormido no son capaces de reconocer.

¿Alguien desea comprobarlo? Se puede hacer una prueba menos extrema: desayunad una mañana zumo de naranja solo. Al día siguiente, el mismo jugo de naranja con muchas galletas, madalenas o bollos. Se puede comprobar enseguida la diferencia con la primera galleta que alguien moje en el jugo. Eso ocurre porque los cereales no son compatibles con la fruta ácida.

Los más escépticos podéis sustituir las galletas por «porras» o churros. Veréis que la mezcla de ingredientes de los churros (harina, patata, aceite y azúcar) es tan incompatible que basta con tomar unos pocos para comprobar que enseguida el estómago se siente «lleno», falsamente saciado.

¿Qué es, pues, eso de las compatibilidades?

Se entiende como «incompatibilidad» de dos o más alimentos la conveniencia de no tomarlos juntos en una misma comida, a fin de no comprometer su digestión.

Eso es en general, porque existen personas a las que parece que les sienta bien todo lo que comen, mientras que hay otras que a la mínima que mezclen determinados alimentos sufren trastornos digestivos (ardor de estómago, digestiones lentas, flatulencias, eliminación abundante de gases, etc.).

Por otra parte, existen algunos errores en la alimentación, tanto o más importantes que las combinaciones de alimentos: excesivo consumo de proteínas, o un desproporcionado aumento en el consumo de productos refinados y desnaturalizados, por citar sólo dos.

Decía el célebre médico naturista Dr. Eduardo Alfonso: «comiendo pocas cantidades no hay incompatibilidades». O Josan Ruiz, director de la revista *Cuerpomente*: «Lo que se necesita es desarrollar estómagos conciliadores» (en alusión al ejercicio adecuado y al buen estado de ánimo como factores importantes para una digestión normal en personas sanas).

Finalmente, recordemos que el médico naturista Frederic Viñas pone énfasis en las compatibilidades **si se beben líquidos en la misma comida**. Ése es el motivo de incluir el tema en este libro.

Existen dos tipos de incompatibilidades alimentarias demostradas científicamente:
- **Ácidos orgánicos con féculas**
- **Proteínas con féculas**

(sobre todo si se toman en exceso). De todas formas, el que tales incompatibilidades se manifiesten o no depende también de la edad, la capacidad digestiva de cada uno (factor constitucional) y el que se sobreañadan una serie de transgresiones dietéticas o malos hábitos.

Hay que evitar la mezcla en una misma comida de fécula o alimentos **farináceos** (pan, cereales, patatas...) con alimentos de sabor **ácido**

Conviene saber...

Moderación
Aunque los jugos son siempre una fuente de salud, las personas que sufren de candidiasis, hipoglucemia o diabetes deben mesurar su consumo, ya que por su gran contenido en azúcares, provocan un aumento rápido de glucosa en la sangre. También deben tomar precauciones los propensos a sufrir erupciones cutáneas o los que padezcan una infección en el tracto digestivo producida por hongos. Lo mejor en estos casos es consultar a un especialista.

Personas mayores
Si bien para las personas de avanzada edad los jugos pueden ser una manera fácil de ingerir alimentos, debe tenerse en cuenta que la mayor parte de la beneficiosa fibra (laxante) que contienen las frutas y verduras se encuentra en la pulpa, en parte desechada si se prepara el jugo en licuadora. En ese caso podría darse estreñimiento, según fuera el resto de la dieta.

Adolescencia: no sólo jugos
En los períodos de crecimiento es cuando el organismo demanda un mayor aporte de proteínas que una dieta exclusiva de jugos, por sí sola, no puede llegar a cubrir. En cambio, resultarán muy indicados como una sana alternativa a los refrescos industrializados.

Remolacha
No conviene beber más de medio vaso de jugo de remolacha al día.

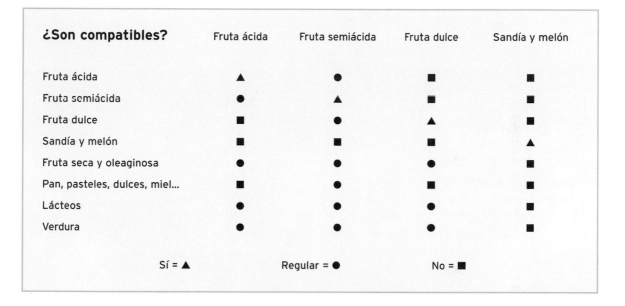

¿Son compatibles?	Fruta ácida	Fruta semiácida	Fruta dulce	Sandía y melón
Fruta ácida	▲	●	■	■
Fruta semiácida	●	▲	■	■
Fruta dulce	■	●	▲	■
Sandía y melón	■	■	■	▲
Fruta seca y oleaginosa	●	●	●	■
Pan, pasteles, dulces, miel...	■	●	■	■
Lácteos	●	●	●	■
Verdura	●	●	●	■

Sí = ▲   Regular = ●   No = ■

(muchas de las frutas), ya que para que los fermentos digestivos de la **saliva** (ptialina salivar) puedan actuar sobre las féculas necesitan un medio alcalino y no ácido. Cuanto más ácida sea la fruta, peor será el efecto.

Jugos para desayunar. ¿Y los cereales?

El popular **muesli**, uno de los desayunos más saludables, lo será siempre que la cantidad de fruta fresca o de cereales (uno de los dos) sea menor, porque de lo contrario puede dar cienta sensación de pesadez en el estómago. Lo mejor es beber el jugo en ayunas y tomar el resto del desayuno más tarde.

La digestión de las proteínas se inicia en el estómago gracias a un fermento allí segregado (pepsina), que sólo actúa plenamente si se halla en un **medio ácido**. Si en una misma comida se mezclan grandes cantidades de proteínas y féculas (legumbres con patatas, pan con queso, etc.) se dificulta tanto la digestión de unas como de las otras, por dificultad de acceso de la ptialina salivar a las féculas y de la pepsina del estómago a las proteínas.

127

Salud en tu vaso

Curas depurativas y jugoterapia

Esta sección es el paso siguiente en el mundo de los jugos. En ella incluimos un capítulo sobre **curas depurativas**, con las más conocidas y eficaces. En el apartado **«Jugoterapia»** aparecen algunos de los trastornos o enfermedades más comunes y la aportación de los jugos, a veces más complementaria y otras veces más protagonista. En **«Los ingredientes (II)»** hemos resumido las cualidades más destacadas de las frutas y verduras que se utilizan en la elaboración de jugos. Y, por último, el apartado con los beneficiosos efectos para la salud de los **«Suplementos dietéticos»** más conocidos.

Jugoterapia

EL PODER DE LOS JUGOS PARA VIVIR CON MÁS Y MEJOR SALUD

Las curas depurativas

Hace ya muchos años que los naturistas realizan este tipo de curas tan beneficiosas para el organismo. Se pueden hacer de muchas maneras y a continuación se ofrecen las mejores y más practicadas.

Por descontado, durante los días anteriores a la cura es muy conveniente, casi imprescindible, abandonar algunos hábitos no saludables como el tabaco, el alcohol o las comidas pesadas a base de productos cárnicos. Este tipo de curas y **ayunos nunca se deben finalizar de una manera brusca**, sino de una forma progresiva. Las curas que se describen a continuación están pensadas para siete días, pero se pueden acortar, si es necesario. Incluir dentro de los hábitos personales un día a la semana a base de jugos de frutas y verduras crudas, necesita de mucha menos voluntad y deja notar sus efectos beneficiosos para el organismo al poco tiempo.

Mediante las curas depurativas, los órganos (especialmente los que se ocupan de la limpieza: el hígado, los riñones y el intestino) tienen la posibilidad de depurarse eliminando los residuos y toxinas que se acumulan en ellos. La ventaja que presentan las curas a base de jugos frente al estricto ayuno son, entre otras, que no se produce una bajada en la energía y vitalidad, puesto que el cuerpo está obteniendo un aporte energético suficiente para permanecer activo, además la fruta cruda aporta numerosos minerales y oligoelementos.

Si finalmente nos decidimos a seguir de vez en cuando una cura de desintoxicación a base de jugos, conviene saber qué frutas u hortalizas son las más indicadas para realizarla. Son bien conocidas las propiedades depurativas de la uva, cuyo efecto es especialmente notable en el hígado. Vamos a verla.

Cura de uvas

La cura de uvas es la más popular. Se trata de la cura más tradicional y practicada de todas y es una manera excelente de prepararse para afrontar con fuerzas el otoño y el inicio de un «nuevo curso de aprendizaje». Es una buena manera para resarcir al cuerpo de los excesos vacacionales del verano. Además del derroche de sabor que suponen las uvas si han sido recolectadas en el punto justo de maduración, son ricas en azúcares naturales directamente asimilables por el organismo, que prácticamente no tiene que molestarse en digerirlos. También contienen mucha agua.

Esta cura no es nueva, ya fue recomendada por Hipócrates en su día, y ha perdurado hasta hoy, lo cual no deja de ser la mejor garantía de su probadísima eficacia. Consiste en empezar la semana con un día de ayuno a base de agua únicamente. Al segundo día se comerá sólo uva (bien masticada o en jugo) y se continuará así durante mínimo una semana. Pueden comerse entre 1,5 y 3 kg de uva al día (cada uno debe adaptarse la cantidad de acuerdo a sus características personales).

Para finalizar la cura se va sustituyendo la ración de uva del mediodía por otras frutas diferentes primero, por ensalada cruda, luego, por verdura hervida. Así, a lo largo de una semana, hasta seguir vida normal. Siempre paulatinamente. ¡Ánimo! Esta cura es fácil de seguir, ya que el azúcar que contiene la uva proporciona al organismo energía y vitalidad de forma inmediata.

Recientemente se ha descubierto que alrededor de la piel de la uva aparece un poderoso antioxidante, el resberitrol. Una nueva virtud que añadir a ese fruto generoso, pero conviene no engañarse justificando la presencia de ese componente (que retrasa el envejecimiento) para beber vinos y cavas...

La cura primaveral de fresas y cítricos

No menos conocidas son las curas a base de **fresas** (ideales para antes del verano) y las de **naranjas** o cítricos (éstas últimas fueron muy divulgadas por el profesor Capo, un célebre naturópata del siglo XX), o de manzana u otras frutas. Los pasos a seguir son los mismos que en la cura de uvas.

La cura de sirope de savia y jugo de limón

Hace casi quince años que en España se introdujo esta famosa «cura», cuyos beneficios han experimentado decenas de miles de personas con gran éxito. Se trata de una manera excelente de introducirse en el mundo de los ayunos, tan eficaz y regenerador como complicado de seguir.

Esta cura, pues, es una buena forma de practicar un «casi ayuno» de forma eficaz y sin riesgos, porque reduce o elimina los inconvenientes del ayuno clásico tradicional con agua sola (que en la actualidad se practica muy poco). La cura de sirope no es un medicamento ni una forma de alimentarse, sino una excelente manera de depurar el organismo, a base de un **sirope especial** (compuesto por la savia del arce del Canadá («maple syrup») y de palma, procedemte de palmeras tropicales) y **jugo de limón.**

La cura no se dirige a una determinada enfermedad, sino que es más bien una terapia general para prevenir o abordar, sin riesgos, trastornos como; alergias, asma, problemas de la piel, dolencias ginecológicas, hipertensión, artritis, reumatismo, estreñimineto, flatulencias... Así pues, es una excelente ayuda para **depurar el organismo** y, en el caso de las personas obesas, para **adelgazar** sin riesgos unos cuantos kilos.

El sirope de savia se compone por savia de arce de cultivo biológico certificado y savia de palma, el resultado es muy rico en oligoelementos y otros nutrientes muy beneficiosos. Junto al jugo de limón, ofrece al organismo lo que éste necesita durante los día de «cura» (de ayuno).

La cura completa dura unos siete días (puede alargarse hasta un máximo de diez días), durante los cuales se toma el preparado de savia (que podéis encontrar con facilidad en cualquier tienda de herbodietética) y ningún alimento sólido. Cada día se toman entre 8 y 10 vasos grandes del preparado (cada dos horas, más o menos), junto a una infusión ligeramente laxante antes de la primera toma del día.

Cómo se obtiene el preparado

El preparado consiste en:

- 1 vaso de agua (preferiblemente agua mineral o de manantial, siempre sin gas)
- 2 cucharadas de sirope de savia de buena calidad
- el jugo de medio limón (o de lima; también sirve)
- una pizca de pimienta (de Cayena)

Lo ideal es que esta bebida sea nuestro único alimento durante un máximo de diez días, pero hay quien lo acompaña de una o dos tisanas de menta al día.

Como hemos dicho, es importante tener en cuenta que romper a secas un ayuno o semi ayuno (esta cura lo es) entraña riesgos para la salud. Para eliminar esos riesgos por completo, es imprescindible entrar, y sobretodo, **salir del ayuno** poco a poco, **paulatinamente.** Hay que prestar mucha atención a este punto. Por ejemplo, el primer día después de la cura sólo se bebe un poco de jugo de fruta (naranja). El segundo día lo mismo y dos tomas de caldo vegetal (al mediodía y por la noche). Al tercer día ya podremos incluir alguna pieza de fruta fresca para comer y una ensalada para cenar.

A continuación, durante los tres días siguientes, iremos introduciendo nuestros alimentos habituales, al principio en pequeñas cantidades: verdura hervida, cereales y algo de pan integral, más fruta y jugos, algún vaso de licuado de avena o de arroz...

Finalmente, los huevos, quesos o comidas muy elaboradas serán los últimos en entrar en nuestra dieta habitual. Pensad que disfrutáis de un cuerpo recién depurado, así que, sobre todo: ¡no sobrecarguéis vuestro sistema digestivo durante esos 7-10 días de transición!

Ayunar con jugos

Se puede practicar un semiayuno. Sirve para practicar y entrenarse, y basta con prolongar el ayuno nocturno de forma natural: se sustituye el desayuno o la cena por 2-3 vasos de sirope de savia y agua. Y sólo cuando estemos seguros de ello, y especialmente de sus portentosos beneficios, nos adentraremos en el ayuno, preferiblemente seguido por un buen dietista especializado.

El ayuno es una de las terapias más naturales, sencillas y eficaces. Es, además, una forma de depurar el cuerpo –y la mente– practicada desde siempre por el ser humano.

La forma más clásica del ayuno es hacerlo a base de agua; sin embargo, actualmente se recomienda complementar esta ingestión líquida con jugos de frutas (ver bibliografía). Sin duda, los sabrosos jugos de las frutas son los perfectos compañeros para realizar el proceso natural y beneficioso de ayunar. Durante el ayuno, los jugos de frutas frescas proporcionan al organismo la energía y vitalidad que necesita y contribuyen activamente a depurarlo.

Todos sentimos la necesidad de, al menos una vez al año, tomarnos vacaciones para descansar y desconectarnos de la rutina diaria. En definitiva, necesitamos hacer un alto en el camino para renovarnos. Pero, si consideramos el organismo como algo global, ¿por qué no darle asimismo un descanso al hígado, al sistema digestivo, a los riñones...? El cuerpo también agradece que de vez en cuando se le haga una «puesta a punto», que se le dé tiempo para deshacerse de todas aquellas toxinas que ha ido acumulando a lo largo del año y que tanto le pesan. Es conveniente que durante al menos unos días, se le «dé un respiro» para que pueda hacer una limpieza a fondo.

Una cura depurativa, o un semi ayuno, o un ayuno completo son eso, un respiro, una manera sana de mantener la salud. Recomendamos las curas depurativas porque son fáciles y sencillas de realizar, sólo se necesita una buena actitud mental. Basta con estar, como mínimo, veinticuatro horas (¡mejor un poco más!) sin ingerir más alimentos que unos sabrosos jugos naturales de frutas. Las curas pueden alargarse hasta una semana, aunque conviene consultar con un especialista y encontrar el equilibrio justo para cada uno. Y tened en cuenta que normalmente, al tercer día podéis notar alguna incomodidad: pinchazos en la espalda, desaparece la sensación de apetito, etc. No hay que alarmarse, porque es una buena señal: el organismo elimina toxinas.

Esbeltez con el ayuno

¿Adelgazar? ¿Se puede perder peso ayunando? Sí, y muy saludablemente. Con las curas depurativas se logra una pérdida de peso de forma natural. Es uno de los resultados más espectaculares y comprobables. Además, este tipo de curas facilitan un mejor autoconocimiento del propio cuerpo y de la conveniencia de cuidarlo bien...

La experiencia muestra que la media de reducción de peso durante una cura depurativa es de unos 400 g en las mujeres y unos 500 g en los hombres. Con un consumo de frutas o verduras que no supere las 1800 calorías, se pueden eliminar unos 325 g de tejido adiposo.

Según sea el punto de partida, así será la reducción de peso. Como se sabe, las personas con serios problemas de obesidad o exceso de peso adelgazan mucho más rápidamente que las que tienen sólo cinco kilos de más.

Cura de saúco

Los seres humanos han aprovechado los efectos beneficiosos del saúco desde muy antiguo. No en vano se le considera el árbol «santo» y se le atribuye la facultad de ahuyentar a los malos espíritus y de atraer a los buenos espíritus domésticos o lares. El jugo de saúco, unido a la infusión de sus flores, potencia la eliminación de toxinas y ofrece el efecto depurador de una cura de jugos. Éstas son sus principales propiedades:

- Vitamina C, que aumenta las defensas del organismo.
- Vitamina B_1 y B_2, que actúan sobre la sangre y la piel.

- Niacina, de efecto sedante.
- Caroteno, que refuerza el sistema inmunitario y fortalece la salud de la piel y los ojos.
- Minerales: sodio, potasio y hierro.

No pueden comerse las bayas crudas del saúco, ya que son incomestibles, sólo se puede tomar su jugo una vez hervido, aunque desde hace un tiempo en algunas tiendas de dietética puede comprarse jugo puro de saúco enriquecido con acerola. Pero, si se prefiere preparar en casa, basta con hervir dos cucharadas soperas de flores de saúco en medio litro de agua; se deja reposar la infusión durante diez minutos y se cuela; se le añaden ocho cucharadas de jugo de saúco y listo. El preparado debe tomarse caliente y si su sabor resulta demasiado amargo se le puede añadir media cucharadita de miel.

La cura depurativa a base de jugo de saúco hervido y de infusiones de flores del mismo árbol estimula los riñones, el intestino, las glándulas sudoríferas y potencia la eliminación de toxinas, al tiempo que aumenta las defensas del organismo.

El día antes de empezar la cura se seguirá una dieta rica en fibra, que favorece la limpieza intestinal, y se incluirá una taza de infusión de saúco por la mañana y otra por la tarde. Durante los siete días que dure la cura, cada vez

---

Cómo preparar en casa una cura de saúco

Ingredientes:
- 2 cucharadas soperas de flores de saúco
- 1/2 l de agua
- 8 cucharadas de jugo de saúco

Preparación:
1. Hervir las flores de saúco en el agua.
2. Dejar reposar la infusión durante 10 minutos y, a continuación, colar.
3. Añadir el jugo de saúco.

El preparado debe tomarse caliente, puede añadírsele media cucharadita de miel.

---

que aparezca la sensación de hambre, se tomará una ración de bebida de saúco, así hasta ocho veces a lo largo del día. Una vez se dé por finalizada la cura, se recomenzará la dieta normal siguiendo los mismos pasos de adaptación paulatina y transición a la dieta habitual que se recomiendan en la cura de uvas.

Cura de levadura y jugos

Se trata de una cura con un intenso efecto desintoxicador y depurativo sobre el organismo; se produce un saneamiento intestinal y una pre-

vención clara de trastornos como la arterioes-
clerosis. La combinación «ayuno» y «levadura
integral» es sumamente beneficiosa. Así, la
levadura de cerveza intensifica los efectos del
ayuno con jugos y viceversa.

Si se hace con levadura líquida (añadida a la
dieta normal) enseguida notaréis los efectos,
por ejemplo en la piel, al cabo de la primera
semana. Después de una semana de ayuno y
levadura se puede seguir tomando ésta, paralelamente a la alimentación normal, hasta un
máximo de seis semanas.

La cura

El ayuno con levadura y jugos consiste en un
día de preparación, seis de cura (como máximo)
y un día más de recuperación. Es muy importante en todo ayuno seguir estrictamente la preparación y, sobre todo, la recuperación paulatinamente, paso a paso.

Se bebe un poco menos de un litro de jugos de
verdura, repartida en siete raciones. Comple-
mentariamente se añaden dos cucharadas soperas de levadura (recordemos que puede ser levadura de cerveza o de remolacha), tres veces al
día (si se trata de levadura líquida, la cantidad
diaria total sería de unos 70 ml).

En los días de preparación y de recuperación
suele tomarse un vaso de jugo de chucrut

(«*sauerkraut*», col fermentada) con dos cucharadas de levadura, en ayunas, una hora antes de
comer y a media tarde. Por descontado las
comidas no deben ser copiosas en esos días (se
trata de acostumbrar progresivamente al estómago y al intestino a la dieta líquida para vol-
ver luego a la dieta sólida). Lo ideal en este caso
es elegir alimentos frescos y crudos: manzana,
ensaladas, verduras al vapor, una sopa de verduras, un plato ligero de arroz, por ejemplo.

Cura con suero de leche

La cura con suero de leche es eficaz, pero se
requiere una gran cantidad de suero, así que
recomendamos hacer como en Alemania, en
donde se añade suero de leche a determinados
jugos, con lo que su valor nutritivo crece expo-
nencialmente.

Jugos terapéuticos

UN JUGO PARA CADA ENFERMEDAD
ABECEDARIO DE LA SALUD ANTE LOS TRASTORNOS MÁS COMUNES

Muchos de los trastornos que se enumeran a continuación, más que enfermedades, podrían ser los síntomas de algo más profundo, como los hábitos de vida. Por eso es importante buscar el origen de la enfermedad, porque a menudo, con cambiar algunos hábitos de vida (tabaco, alcohol, café, hacer más ejercicio, tomar cada día un poco de tiempo para disfrutar de las pequeñas cosas de la vida...), nos veríamos libres de muchas de esas molestias.

Una dieta equilibrada, rica en frutas y verduras frescas y que proporcione todos los aportes necesarios, es fundamental para gozar de una buena salud y pasar por alto este capítulo. Los jugos que se recomiendan ayudan; incluso a menudo producen unos beneficiosos efectos curativos. En todo caso aliviarán el proceso. Pero serán mucho más efectivos si, además, van acompañados de la opinión de un buen médico o terapeuta. Además de tomar el jugo como una sabrosa y placentera medida terapéutica, conviene personalizar esa dieta natural y equilibrada.

Los jugos que se ofrecen a continuación pueden tomarse a diario; cuando hay varias propuestas, la elección depende de las preferencias personales. Se trata de recetas indicadas para las dolencias que se detallan y su eficacia está comprobada y demostrada.

Vale la pena comprobar el poder curativo de la naturaleza y sus fantásticos efectos, pero recordemos que los remedios instantáneos o automáticos, más o menos milagrosos, no existen. Se trata de disfrutar de una buena salud y prevenir enfermedades mediante una labor personal paciente y tenaz, día a día.

Acidez de estómago
Los jugos *alcalinos* alivian la acidez de estómago.
    2 o 3 zanahorias
    1/2 pepino
    1/2 remolacha con hojas

Acné
Para eliminar el acné y las impurezas del cutis, conviene disminuir el consumo de grasas, chocolate, leche, nata y derivados. Y tomar:
    6 zanahorias
    1 pimiento verde

Jugo 2
    3 zanahorias
    7 hojas de espinaca

Alergias
Pueden aliviarse con:
   1 alcachofa
   3 zanahorias
   1 tallo de apio

Amígdalas
Además de cítricos, tomad este jugo, caliente:
   1 rábano picante
   1 limón
   2 cebollas
   2 zanahorias

Anemia
Conviene tomar hortalizas verdes y ricas en hierro:
   1 berro
   1 remolacha con sus hojas
   4 zanahorias
   1 manojo grande de espinacas

Angina de pecho
Este jugo natural puede contribuir a aliviar tensiones:
   2 rodajas de piña, 1 papaya
   2 cebollas y perejil

Ansiedad
La uva, la fresa y la piña son tres de las frutas que más relajan:

1 rodaja gruesa de piña (unos 2,5 cm)
1 racimo (120 g) de uva blanca

Arteriosclerosis
El ejercicio suave, la vitamina E y estos jugos pueden ayudar. Se toma un vaso diario de cada jugo.

Jugo 1
   6 o 7 fresas
   3 zanahorias
   7 u 8 hojas de espinacas

Jugo 2
1 rodaja de piña
1 diente de ajo
1 zanahoria

Artritis
Conviene mucho apio, que se puede mezclar con:
   1 rodaja gruesa de piña
   1/2 pomelo rosa (más dulce)

Asma
La mucosidad que el asma produce en los bronquiolos puede aliviarse tomando jugos. Escoged uno de los que siguen y tomadlo durante una semana seguida. Probad con el resto hasta encontrar el que mejor efecto nos produzca. Se aconseja un diente de ajo diario.

Jugo 1
1 pomelo
1 manzana

Jugo 2
3 zanahorias
6 o 7 hojas de espinacas

Jugo 3
1 zanahoria
150 g de berros
perejil
2 patatas

Jugo 4
6 hojas de lechuga
1 trozo de apio

Bronquitis

El jugo de rábanos y de limones ayuda a expulsar la mucosidad propia de la bronquitis. Ni que decir tiene que hay que dejar de fumar y procurar vivir en un lugar elevado, con aire limpio y fresco. Evitar la obesidad:
3 rábanos picantes,
2 limones
2 cebollas
1 nabo
350 ml de agua

Bursitis

Para aliviar los efectos de esta dolencia que afecta a las articulaciones, es recomendable:
1 manojo de berros
4 o 5 zanahorias
1/2 manzana sin pepitas

Calambres musculares

Este jugo, rico en calcio, contribuye a prevenirlos.
4 zanahorias
2 ramas de apio
1 manojo de espinacas
1 manojo de perejil

Cálculos biliares

Una combinación de verduras que puede ayudar a eliminar los cálculos:
6 zanahorias, 1/2 remolacha
3 ramas de perejil

Jugo 2
2 manzanas, 1 trozo de apio, 2 remolachas

Jugo 3
1 remolacha, 1 pepino, hojas de ortiga

Cálculos renales

La manzana posee propiedades depurativas y de drenaje:

3 manzanas
1 taza de arándanos

Cáncer

Sería una frivolidad pretender curar una enfermedad policausal como el cáncer sólo con jugos. Con la denominación «cáncer» se reúnen dolencias diversas y específicas, relacionadas con procesos tumorales. Por supuesto que hay que visitar al médico, pero además es esencial mantener una actitud mental positiva y ser optimista.

Entre muchas otras medidas, los jugos crudos pueden proporcionar un valioso y nutritivo apoyo, especialmente recomendamos los ricos en betacaroteno.

6 zanahorias
3 ramitos de brécol (con su tallo)

Jugo 2
8-10 zanahorias y 1-2 remolachas al día

Jugo 3
Albaricoque y zanahoria

Caries

Para la salud dental, además de diente de león, ortiga y col (más o menos presentes en todos los jugos) se recomienda:

Jugo 1
Granada y zanahoria

Jugo 2
2 racimos de uva negra
1/2 taza de cerezas sin hueso

Catarro

Contra el catarro conviene tomar un diente de ajo diario y este jugo:
2 limones
10 rábanos picantes
35 ml de agua caliente
Hay quien le añade 1-2 cebollas.
También es muy útil la combinación de 300 g de papaya, 2 rodajas de piña y 1 pomelo.

Circulación

Para la circulación lo mejor es el ejercicio y, por supuesto, los jugos. Podéis añadir un poco de jengibre o de rábano picante a vuestro licuado de:
Jugo de zanahoria puro

Colesterol

Zanahorias y manzanas contribuyen a prevenir el colesterol nocivo:
5 zanahorias y 1/2 manzana
jengibre (1 cm aprox.)
1 manojo de perejil

Colitis

Para prevenir y tratar la colitis es conveniente tomar la fibra de las frutas, además de salvado y cereales integrales. Y un jugo clásico:

2 manzanas
2 zanahorias

Corazón

Conviene mantener el corazón en forma mediante el ejercicio suave y evitar el colesterol. La uva limpia las paredes arteriales; además este jugo de hortalizas es un buen limpiador y tonificante:

5 zanahorias
6 hojas de espinaca
4 hojas de lechuga
1/4 de nabos
1 manojo de perejil

Dermatitis

Si la causa no es un agente externo, sino una carencia de vitamina A, conviene tomar :

1 zanahoria
1 manzana
1 trozo de apio

Diabetes

Además de un buen seguimiento médico son muy indicados algunos jugos bajos en hidratos de carbono:

4 zanahorias
1 manzana
4 hojas de lechuga
3/4 partes de taza de judías verdes
4 coles de Bruselas

Diarrea

Se recomiendan dos jugos que pueden contribuir a suavizarla:

1 puñado de hojas de ortiga
1 diente de ajo
200 g de berza

Variante más suave:
1 papaya (200-250 g)
1 rodaja de piña

Digestión

La manzana es la gran depuradora del aparato digestivo. Ante las molestias de estómago, tomar:

Jugo de manzana e hinojo
(preferiblemente a partes iguales)

Dolor de cabeza

Las alergias ante algunos alimentos (además del alcohol y otros tóxicos) favorecen el dolor de cabeza. Puede prevenirse incrementando la presencia de frutas y verduras en nuestra dieta de cada día. Si el dolor persiste se pueden pensar en un tratamiento homeopático e, incluso, en la acupuntura. Una cura depurativa ayuda a desintoxicar el organismo y suele traer la agradable consecuencia de ayudarnos a la desaparición del dolor de cabeza. Recomendamos también dos jugos sencillos:

4 manzanas y 2 tallos de apio;
3 zanahorias, 1 remolacha y 1 pepino

Eczema

Cuando la causa de los eczemas es física, podemos tratarlos con:

5 zanahorias y 1 troncho de apio
10 hojas de espinacas y 4 hojas de nabo
4 ramitas de berro

Jugo 2
2 papayas y 2 zanahorias

Encías sangrantes

Los cítricos contribuyen de forma efectiva a fortalecer las encías:

1/4 de pomelo
1 rodaja de piña (2,5 cm aprox.)
1 manzana
1 rodaja pequeña de lima

Estreñimiento

Tomar mucha fibra es el mejor antídoto contra el estreñimiento; he aquí algunas propuestas:

1 rodaja grande de piña
4 zanahorias
1 manzana
1 puñado de perejil

Jugo 2
2 o 3 manzanas
1 pera

Fatiga

La zanahoria y la manzana son dos de los grandes «revitalizadores» que nos ofrece la naturaleza ante la fatiga y la **falta de energía**. Una combinación muy recomendable es:

6 zanahorias
2 ramas de apio
1 manojo de perejil
dientes de ajo

Fiebre

La fiebre es un **buen síntoma** que nos avisa de una saludable reacción del organismo ante las infecciones. Hemos de considerar la fiebre como una aliada que denota el esfuerzo que nuestro cuerpo está realizando.

Por eso es un grave error pretender tratarla con fármacos y antitérmicos que no hacen sino complicar las cosas y entorpecer esa saludable tarea. Lo que conviene hacer es atacar lo que la causa, no la fiebre. En caso de fiebre es aconsejable seguir hidroterapia y beber agua, y algunos jugos, especialmente de cítricos. Son indicados la uva y el apio y, para combatir la infección, jugos de ajo, berza y cebolla. Este jugo tambien ayuda:

100 g de uva blanca
100 g de uva negra
1 manzana

Fracturas

Los huesos fracturados tienen una gran necesidad de calcio, proteínas y vitamina C para regenerarse, para ello es recomendable, además del popular jugo fresco de naranja, tomar el jugo de 450 g de borraja al día, o bien jugo de granada.

Es bueno añadir ortiga y un buen puñado de germinados de alfalfa a todos los jugos. Recomendamos uno con:

1 kiwi (o 1 naranja) y 1 manzana

Gota

La gota es una enfermedad originada por un exceso de ácido úrico, que casi siempre tiene que ver con un exceso de carne y sus derivados en la dieta. Aparte de una alimentación más naturista se recomienda el jugo de:

1 limón
2 peras

Gripe

Podemos tratar la gripe tomando jugos de limón con miel y:

1 trozo de apio
2 zanahorias y 1 manzana
1 naranja

Hemorroides

Los jugos que mejoran la digestión ayudan también a prevenir las hemorroides. Para aliviarlas:

7 hojas de espinacas
1 zanahoria
1/2 tallo de apio

Variante: 1 nabo o 1 patata y 100-150 g de berros

Heridas

Para curar las heridas se necesitan proteínas y vitaminas C y K. La vitamina K se encuentra en los germinados de alfalfa. Una buena combinación es:

200 g de brotes de alfalfa germinada
150 g de borrajas
1-2 zanahorias

Hernia

Se previene manteniendo los músculos del abdomen en forma y mediante una dieta sana:

1 pepino
3 zanahorias
1 remolacha pequeña

145

Hígado

Los suplementos de levadura de cerveza previenen los problemas de hígado; además hay que evitar el alcohol, exceso de grasas y falta de vitaminas del grupo B. Podéis elegir:

2 zanahorias, 1 remolacha y 1 pepino
2 zanahorias, 1/2 manzana y 1 trozo de apio
Pueden acompañarse con un poco de perejil

Hipertensión

Como medidas básicas, la prevención o trata-miento de la obesidad. Tabaco y alcohol absolutamente prohibidos. Tomar cada día 1 diente de ajo junto con un buen vaso de jugo de zanahoria.
Y también un buen vaso de jugo, a elegir:

3 rodajas de piña (y un poco de papaya)
3 zanahorias, 1 remolacha, pepino
3 naranjas

Impotencia sexual

La vitamina E, al igual que muchos de los suplementos dietéticos del mercado es una buena ayuda, como lo son el ginseng, germen de trigo, miel y el polen, por ejemplo. Aconsejamos mucho más los fortificantes que los meros afrodisíacos.
También la avena (puede tomarse en forma de licuado o «leche» de avena) actúa como un excelente tónico revigorizante. Y un buen jugo tonificante, como:

3 zanahorias y 1 rama de apio,
1 manzana y 1/2 remolacha

Infecciones urinarias

Los arándanos, las uvas y la piña ayudan a preve-nirlas, además de:

2 manzanas dulces (golden, por ejemplo)
1/2 granada

Insomnio

El apio y la lechuga calman los nervios y mejoran el sueño:

5 zanahorias, 2 ramas de apio y 2 hojas de lechuga. Puede añadirse un puñado de brotes germinados de alfalfa.

Laringitis

Además de las gárgaras de limón diluido en agua caliente, se recomienda un jugo a base de:

2 zanahorias
2 rodajas de piña

Lombrices intestinales

Una cura de quince días a base de calabaza y ajo puede dar un buen resultado para combatir este parásito intestinal. Lo mejor es alternar los dos jugos:

1/2 calabaza y 55 ml de agua
1 ajo en 275 ml de agua

Mal aliento (halitosis)

Si es un caso puntual, se puede masticar una hoja de perejil. Si el problema persiste conviene saber las causas, normalmente en los procesos digestivos y en la forma de alimentarnos. Son muy útiles los enzimas de la piña y papaya, así como su jugo, solo o combinado. También:

   3 zanahorias
   6 hojas de espinacas
   1 pepino

Mareo

Si se trata de mareo por el transporte, tomad, antes de iniciar el viaje.

   2 manzanas
   1 pera
   un trozo de jengibre (de unos 2,5 cm)

Menstruación

Tratamientos naturales de molestias o irregularidades de la menstruación:

Excesiva:

   1 remolacha
   1/2 kg de hinojo

Irregular:

   2 manzanas
   un puñado de hojas de ortiga

Dolorosa:

   Tomar el jugo de 1/2 piña

Migrañas

Su origen es la contracción nerviosa de los vasos sanguíneos del cerebro, podemos tratarlas con:

   2 ramas de hinojo
   1 zanahoria

Nervios

Los alimentos naturales ricos en vitaminas B_1 y B_{12} ayudan a fortalecer los nervios. También:

   1/2 sandía
   6 hojas de col
   2 tomates
   1 tallo de apio

Ojos (salud ocular)

Siempre es aconsejable un poco más de vitamina A, así como los betacarotenos de la zanahoria, como todo el mundo sabe. Recomendamos:

   Jugo de papaya

   Jugo de zanahoria, apio e hinojo (se le puede añadir perejil, berros y alfalfa germinada).

Osteoporosis

Podemos compensar esta pérdida gradual de masa ósea tomando calcio asimilable: la ortiga y la granada nos ayudan en ello de forma natural. Y el jugo de:

   5 o 6 zanahorias y 4 hojas de col
   4 ramitas de perejil y 1/2 manzana

Piel (enriquecer la piel empobrecida)
Probad con los jugos (que además pueden combinarse entre sí) de:
Pulpa de papaya
Jugo de limón y pepino
Manzana y remolacha

Próstata
El suplemento elaborado con la planta palmeto, así como la remolacha, son un buen aliado ante los problemas de próstata. También el jugo de:
2 remolachas, 1 manzana y 50 ml de agua

Riñones
Conviene beber mucha agua (2 litros diarios) para mantenerlos sanos, además se recomienda:
5 espárragos, 50 ml de agua
1 alcachofa, 50 ml de agua

Tendinitis
Las verduras ricas en silicio, como el pepino y el pimiento contribuyen a reducir la inflamación:
4 zanahorias y 2 pepinos
2 o 3 tiras de pimiento rojo
1 manojo pequeño de perejil

Tensión baja
Una dieta equilibrada, no fumar ni beber y tomar ajo y zanahoria regularmente ayuda a mantener la tensión bien equilibrada. En caso de tensión baja o hipotensión:
3 zanahorias y 6 hojas espinacas
Tensión alta: (véase hipertensión)

Trombosis
Una trombosis debe ser tratada por un médico especialista. Aun así, la dieta es importante, y tanto la zanahoria como el ajo deberán estar siempre presentes en ella:
2 zanahorias, 1 diente de ajo y 1 pepino

Úlceras de estómago
Los jugos que contienen vitaminas B y C, además de betacaroteno están indicados para tratar las úlceras de estómago:
1/2 tomate y 2 tallos de apio
1 trozo de repollo (de unos 10 cm)

Úlceras duodenales
Para prevenir la úlcera conviene tener una dieta rica en jugos de:
3 patatas
1 manzana
1/2 vaso de agua

Varices
Se recomienda ejercicio (bicicleta), cereales integrales y jugos de naranja y limón.

Los ingredientes (II)

FUENTE NATURAL DE VIDA Y DE SALUD

Como hemos dicho, la dieta de los países industrializados no es, por lo general, un modelo de alimentación saludable. En una sociedad dominada por las prisas, se ingieren muchas comidas preparadas, de las llamadas «rápidas» (de comer, pero no de digerir), y se engaña el estómago con productos tan poco naturales y saludables como las patatas fritas, los productos de bollería o el chocolate, entre otros. En resumen, «obsequiamos» al organismo con un exceso de grasas saturadas, proteínas animales, productos químicos y colorantes.

El pobre estómago tiene que digerir y metabolizar el exceso de proteínas, grasas y aditivos, y para conseguirlo necesita echar mano de una buena dosis de vitaminas y minerales que no siempre encuentra disponibles en el organismo en cantidad suficiente. Cuando esto sucede, el estómago se ve obligado a enviar los «excedentes» que no han podido ser metabolizados al hígado, los huesos y otros tejidos, produciendo problemas de salud y sobrepeso.

Los profesionales de la salud aconsejan ingerir siete raciones de verduras y dos de fruta al día como mínimo. Hay quien afirma que entre el 50 y el 75 % de lo que se come deberían ser alimentos crudos si se quiere disfrutar de una calidad de vida óptima en cuanto a salud y energía. Pero esta premisa no siempre es fácil de cumplir. No todas las personas tienen la voluntad ni el tiempo necesarios para ello. Sin embargo, en lugar de **comer** 2 kg de zanahorias (que en principio no parace muy atractivo), puede ser más fácil y sencillo **beberlas** en un jugo.

Incluso podemos aficionarnos y empezar a sorprender al propio paladar, primero, y al de familiares y amigos después, con originales cócteles de frutas y hortalizas, que además de saludables son deliciosos y atractivos.

Así actúan los jugos:

Vitaminas y minerales

Una **dosis extra** de vitaminas y minerales pasa directamente a reforzar las células que más lo necesitan (se calcula que el 95 % de las sustancias vitales presentes en los jugos pasan directamente a la sangre). Ni siquiera una dieta basada en productos naturales, equilibrada y sana, contiene la cantidad óptima de nutrientes, en especial de oligoelementos... Así que los jugos, en cantidad adecuada, se convierten en un refuerzo valiosísimo de salud y energía.

Hidratos de carbono y enzimas

Aumentará el número de enzimas *(ver capítulo sobre enzimas en pág. 205)*. Los jugos no sólo proporcionan vitaminas y minerales, sino que además contienen dosis importantes de hidratos de carbono y enzimas, que son los responsables, entre muchas funciones, de absorber y distribuir el oxígeno, y de digerir y asimilar los alimentos.

Depuración

Se limpia y regenera el organismo, ya que se estará favoreciendo la eliminación de toxinas.

Hidratación

Una persona adulta necesita entre 1 y 2,5 litros diarios de agua para mantener su equilibrio hídrico. La mayoría de las frutas y las hortalizas tienen un alto contenido de agua, por eso beber jugos asegura una buena hidratación.

Reducción de peso

Actualmente, la moda parece imponer el seguimiento de dietas más o menos estrictas, a menudo engañosas y poco saludables; millones de personas de todo el mundo (en especial jóvenes) sufren enfermedades como la anorexia o la bulimia. Ante esta situación, resulta indispensable saber que el primer paso para disfrutar de un buen equilibrio emocional es aceptarse a uno mismo. Dicho esto, se puede afirmar que el exceso de peso es sobre todo un problema de salud y no de estética. Las modas varían con los años; lo que hoy es un ideal de belleza hace unos siglos era rechazado. Se trata de recuperar un equilibrio dietético, lo que además, seguramente comportará la pérdida de algunos kilos sobrantes.

Una simple receta para lograrlo es eliminar de la dieta los productos saturados en grasas, los azúcares y el alcohol. También puede controlarse la ingestión de alimentos muy ricos en calorías (chocolates, dulces...) e incluir más productos frescos y crudos, cereales integrales y ensaladas.

Es muy aconsejable sustituir ciertos tentempiés por un vaso de jugo, bajo en calorías y grasas, y practicar algún deporte. El resultado será evidente: unos kilos menos, y lo que es más importante, adquiriremos una serie de saludables hábitos a los que será difícil renunciar.

Información práctica sobre frutas y hortalizas

En las páginas siguientes os resumimos las cualidades nutricionales y terapéuticas de las frutas y verduras más comunes y algunos consejos para escogerlas, conservarlas y licuarlas. Recordad que las frutas deben consumirse lo antes posible. Y también deben lavarse y secarse bien antes de guardarlas.

Recordad que los «jugos verdes» (casi todos los de verduras) conviene tomarlos diluidos con otros más suaves (una parte de jugo verde y tres de otro tipo), como pueden ser el de manzana o el de zanahoria.

* * *

Alguien se preguntará el porqué de tanta información. Se pueden pasar por alto las páginas siguientes, claro que sí. Pero una vez que uno se aficiona a los jugos, la pregunta será: «¿Cómo es posible que hayamos pasado tanto tiempo sin esta fuente natural de rejuvenecimiento?» (!). Los jugos de frutas y vegetales frescos son alimentos superenergéticos que transforman por arte de magia a la gente en personas de piel saludable y ojos brillantes.

Tomar jugos es el modo más barato y efectivo de mantenerse saludable en cualquier etapa de la vida. Norman Walker, que fue pionero en la divulgación de los jugos en Norteamérica y murió a la edad de ¡113 años! decía: «No hay un solo alimento (hoy podemos añadir: 'ni suplemento vitamínico') que posea tal equilibrio energético de componentes esenciales para la salud». El consumo de jugos tiene una larga y honrosa historia en los anales de la naturopatía y las prácticas complementarias de salud. Cons-

tituyó la base de muchas de las curas «milagrosas» de antaño, cuyo éxito se debió, con toda probabilidad, al increíble efecto que produce en el organismo una «inyección» de antioxidantes y otras vitaminas y minerales esenciales en dosis elevadas. Se producen un aumento de la energía y las defensas y unos favorables efectos decisivos sobre ciertas enfermedades.

153

Aguacate

De consistencia aceitosa, carece de jugo, pero sí pueden prepararse exquisitos batidos de aguacate con el jugo de otras frutas y hortalizas. Sus grasas son insaturadas.

Vitaminas. Betacaroteno, B_3, B_5, C, E, ácido fólico y biotina. Pequeñas cantidades de vitaminas B_1, B_2 y B_6.
Minerales. Calcio, magnesio, fósforo, potasio, azufre, cobre y hierro.
Virtudes terapéuticas. Al contener grasa monosaturada favorece el sistema cardíaco y su gran contenido en nutrientes potencia la buena salud.
Cuáles comprar. Renunciar a los que son demasiado blandos. Al apretar un aguacate maduro debe notarse ligeramente duro todavía.
Conservación. En un lugar seco. Una vez maduros deben consumirse en un par de días como máximo.
Antes de batirlos. Cortarlos por la mitad, extraer el hueso y separar la pulpa de la cáscara con ayuda de una cucharita.
Una buena mezcla. Batidos junto con tomate y pepino.

Albaricoque

De color amarillo anaranjado el albaricoque procede de Asia, donde era conocido como «el huevo del sol». Su intenso aroma es un preludio del verano.

Vitaminas. Betacaroteno y vitaminas A, B y C.
Minerales. Destacan por el gran número de minerales que contienen, entre ellos: magnesio, fósforo, calcio, potasio, azufre, sodio, manganeso, cobalto y bromo.
Virtudes terapéuticas. Son antidiarreicos y astringentes. Equilibran el sistema nervioso. Gracias a su alto contenido en carotenoides se consideran buenos aliados contra el cáncer. Son indispensables en procesos de depresión nerviosa.
Cuáles comprar. Los que tengan una consistencia firme pero sin estar demasiado duros o verdes.
Conservación. A temperatura ambiente aguantan varios días.
Antes de licuarlos. Lavarlos y extraer el hueso.
Una buena mezcla. Añadirles unas cucharaditas de limón.

Arándano

Su sabor agrio puede provocar alguna mueca, pero vale la pena mezclarlos con alguna fruta más dulce, como la manzana, la uva o la pera. Los arándanos se recolectan a mano, y su precio suele ser alto.

Vitaminas. Ricos en betacaroteno, ácido fólico y vitamina C.
Minerales. Calcio, cloro, magnesio, fósforo, potasio y sodio.
Virtudes terapéuticas. Muy recomendados para el tratamiento de las enfermedades urinarias (cistitis, próstata...). Tienen un alto contenido en quinina y posibles propiedades antivíricas y preventivas de la malaria. Se aconseja tomar jugo de arándanos en los procesos gripales.
Cuáles comprar. Los más carnosos y duros y de color oscuro brillante.
Conservación. Después de lavados, pueden conservarse en el frigorífico durante un par de días. Si se congelan, guardarlos como están y lavarlos en el momento de preparar el jugo.
Antes de licuarlos. Lavarlos con agua fría.
Una buena mezcla. Jugo de manzana.

Cereza

Su dulce sabor, su peculiar aroma, y ese color rojo aterciopelado las hace irresistibles.

Vitaminas. Alto contenido en vitamina A.
Minerales. Azufre, calcio, zinc, hierro y magnesio.
Virtudes terapéuticas. Tiene propiedades desintoxicantes, remineralizantes y antiinfecciosas. Contienen un 80 % de agua, por lo que son laxantes y diuréticas. Esta fruta es muy recomendable en dietas de adelgazamiento y para diabéticos.
Cuáles comprar. Elegir las que sean más carnosas, tengan una piel tersa y un aspecto brillante. Renunciar a las que no tengan el rabito sano.
Conservación. Dos o tres días en el frigorífico.
Antes de licuarlas. Lavarlas, deshuesarlas (existen unos aparatos especiales, de venta en ferreterías) y el rabito.
Una buena mezcla. Son tan ricas y su temporada es tan corta que lo ideal es saborearlas solas.

Ciruela

Relativamente jóvenes, las variedades que consumimos actualmente se desarrollaron durante el siglo XIX. Las ciruelas son originarias de Japón y Europa.

Vitaminas. Betacaroteno, ácido fólico y vitamina C.
Minerales. Calcio, magnesio, fósforo, potasio y sodio.
Virtudes terapéuticas. Además de estimular el sistema nervioso son laxantes, diuréticas y desintoxicantes.
Cuáles comprar. Hay que escoger las de tamaño mediano y más color. Es preferible comprarlas un poco duras y que acaben de madurar en casa.
Conservación. Una vez maduras pueden conservarse en el frigorífico como máximo un par de días.
Antes de licuarlas. Lavarlas y deshuesarlas.
Una buena mezcla. Añadir al jugo de medio kilo de ciruelas una cucharada de zumo de naranja y una cucharada de miel resulta muy delicioso.

Fresa

El jugo de fresa, por su intenso color, aroma y cualidades nutritivas es un auténtico rey en su género.

Vitaminas. Betacaroteno, ácido fólico, vitamina C, biotina y azúcares naturales.
Minerales. Calcio, cloro, magnesio, fósforo, potasio, sodio, azufre y hierro.
Virtudes terapéuticas. El zumo de fresas es refrescante, remineralizante, y aumenta las defensas orgánicas naturales. Abre el apetito, es depurativo y ligeramente laxante. Facilita la eliminación de ácido úrico. Está especialmente indicado en los estados de fatiga, convalecencia y desmineralización. Indicado para pacientes con cáncer y diabéticos.
Cuáles comprar. Conviene que sean rojas, duras y olorosas, que conserven el rabito verde y que no tengan moho.
Conservación. Una vez lavadas y secas, pueden introducirse en una bolsa de papel y guardarse en el frigorífico. Aguantarán unos cuantos días.
Antes de licuarlas. Quitarles las hojitas y el rabito verde.
Una buena mezcla. Con jugo de uva.

Kiwi

Originario de Nueva Zelanda. Su sabor está a medio camino entre la ciruela y la fresa.

Vitaminas. A y C y pequeñas cantidades de B_1, B_2, B_3.
Minerales. Calcio, magnesio, fósforo, potasio y sodio. También contienen hierro.
Virtudes terapéuticas. Son refrescantes y tonificantes, por lo que es apropiado tomar un vaso de jugo de kiwi puro o mezclado en caso de estados febriles, de fatiga, estrés, etcétera.
Cuáles comprar. Los mejores son aquellos que, aun estando duros, ceden ligeramente al apretarlos.
Conservación. Dentro del frigorífico pueden llegar a conservarse más de una semana, pero si queremos que maduren rápido, debemos guardarlos fuera.
Antes de licuarlos. Si se está seguro de que han sido cultivados orgánicamente pueden licuarse con piel.
Una buena mezcla. Jugo de kiwi y uva a partes iguales.

Lima

Prima hermana de los limones, la lima tiene un sabor ligeramente más dulce. A finales del siglo XVIII, los capitanes de navíos ingleses se las daban a la tripulación para prevenir el escorbuto.

Vitaminas. Betacaroteno, ácido fólico y vitamina C.
Minerales. Contienen calcio, fósforo, potasio y sodio.
Virtudes terapéuticas. Su rico porcentaje en potasio protege del cáncer y de las enfermedades cardíacas. Asimismo se recomienda tomar jugo de lima en estados gripales y de fatiga física y mental.
Cuáles comprar. Las de piel lisa y mayor peso son más gustosas.
Conservación. En un lugar fresco pero no frío.
Antes de licuarlas. Lavarlas y pelarlas.
Una buena mezcla. Con jugo de melón.

Limón

Originarios de Malasia e India, se cultivan prácticamente en todo el mundo. El jugo de limón es ideal para mezclarlo con otros jugos de fruta, ya que solo puede resultar un poco fuerte de sabor.

Vitaminas. Vitamina C, B_1, B_2, B_3, B_5, B_6 y biotina.
Minerales. Ricos en calcio, cloro, magnesio, fósforo, potasio, sodio y azufre.
Virtudes terapéuticas. Es altamente alcalinizante y remineralizante. Activa los glóbulos blancos, reforzando las defensas del organismo. Tiene propiedades bactericidas y antisépticas. Tonifica el corazón y los vasos sanguíneos, bajando la tensión arterial.
Cuáles comprar. Elegir los de piel tersa y de color amarillo brillante.
Conservación. Dentro del frigorífico pueden conservarse hasta un par de semanas.
Antes de licuarlos. Pelarlos y cortarlos a trozos. Si se quiere, pueden quitarse las pepitas.
Una buena mezcla. Diluido en agua y con un poco de miel.

Mandarina

Su aspecto es similar al de la naranja aunque más pequeña y con una piel que se desprende más fácilmente. España es uno de los principales productores mundiales.

Vitaminas. Las mandarinas son ricas en betacaroteno, ácido fólico y vitamina C principalmente.
Minerales. Contienen calcio, magnesio, fósforo, potasio y sodio. También tienen cobre, hierro y manganeso.
Virtudes terapéuticas. Aumentan las defensas del organismo y previenen catarros y gripes.
Cuáles comprar. Elegir las que tengan un color naranja intenso. Es mejor comprarlas en la temporada (de noviembre a febrero), puesto que son más jugosas.
Conservación. A temperatura ambiente o dentro del frigorífico. Consumir antes de una semana; transcurrido ese tiempo la piel se vuelve rugosa o sale moho.
Antes de licuarlas. Pelarlas y sacarles las pepitas, si las tienen.
Una buena mezcla. Son deliciosas con el jugo de otros cítricos.

Mango

Procedente de la India, el mango se introdujo en Occidente durante el siglo XVIII. Las personas alérgicas al interior de la piel pueden utilizar guantes para pelarlo.

Vitaminas. Esta fruta es rica en vitaminas A, B y C.
Minerales. Calcio, magnesio, fósforo, potasio y sodio. Además, contiene cobre, hierro, manganeso y zinc.
Virtudes terapéuticas. Combate la fatiga y el estrés.
Cuáles comprar. Preferiblemente los mangos de piel lisa y color verde amarillento con tonos rosados, que desprendan aroma. Cuando están maduros su textura, al apretarlos, es parecida a la del aguacate: firme pero ligeramente flexible. Conviene evitar siempre los más verdes, ya que resultan insípidos.
Conservación. A temperatura ambiente, hasta que obtengan el punto de madurez justo.
Antes de licuarlos. Pelarlos y quitarles el hueso.
Una buena mezcla. Este jugo resulta delicioso tal cual.

Manzana

Originaria de Europa oriental, hay hasta mil cuatrocientas variedades. En España las más conocidas son camuesa, reineta y golden. Su jugo es muy versátil y se mezca con el de otras frutas, especialmente ácidas.

Vitaminas. Betacaroteno, ácido fólico y vitamina C. En menor proporción, incluye vitaminas B_1, B_2, B_3, B_6, biotina y vitamina E.
Minerales. Calcio, cloro, magnesio, fósforo, potasio y azufre.
Virtudes terapéuticas. Reduce el nivel de colesterol y mantiene sano el corazón. Elimina las toxinas de los intestinos y estimula su actividad. Sus principales azúcares son absorbidos por el organismo sin que éste tenga que transformarlos. Recomendada para la artrosis y el decaimiento.
Cuáles comprar. Las firmes, sin partes oscuras ni blandas. Si brillan demasiado, han sido enceradas.
Conservación. A temperatura ambiente o en el frigorífico.
Antes de licuarlas. Si han sido enceradas deberán pelarse.
Una buena mezcla. Con toda fruta.

Melocotón

Conocido en China, desde la Antigüedad, como símbolo de inmortalidad; se le ha llamado «néctar de los dioses» por su sabor y su aroma floral.

Vitaminas. Esta fruta contiene ácido fólico, betacaroteno, y vitaminas B_3 y C.
Minerales. Es rico en calcio, magnesio, fósforo, potasio, azufre y sodio.
Virtudes terapéuticas. Estimula las secreciones gástricas, es de fácil digestión, depurativo, diurético y ligeramente laxante. Ideal para personas que padecen enfermedades cardíacas y gota.
Cuáles comprar. Ni demasiado blandos ni demasiado duros. Aquellos que presentan manchas de color marrón suelen estar pasados.
Conservación. Mantener a temperatura ambiente y consumirlos lo antes posible. No conviene guardarlos dentro del frigorífico, ya que pierden gran parte de su sabor.
Antes de licuarlos. Lavarlos, cortarlos por la mitad y extraer el hueso.
Una buena mezcla. Su jugo resulta delicioso con una cucharada pequeña de zumo de limón y otra de miel.

Melón

El melón cantalupo o francés es muy nutritivo, aunque su digestión puede resultar pesada si se mezcla con otros alimentos.

Vitaminas. Rico en vitaminas A, B y C.
Minerales. Contiene calcio, cloro, magnesio, fósforo, potasio, sodio y azufre.
Virtudes terapéuticas. Indicado para estreñimiento, hemorroides, escasez en el flujo de orina y reumatismo. Abstenerse quienes tengan malas digestiones o inflamación en el intestino.
Cuáles comprar. La cáscara tendrá un dibujo en forma de red y el extremo por donde fue cortado el tallo debe ser ligeramente blando y agrietado.
Conservación. Si ya está maduro es mejor guardarlo en el frigorífico; si no, dejarlo a temperatura ambiente hasta que esté en su punto.
Antes de licuarlo. Lavarlo nada más llegar a casa, ya que se han dado casos de que la piel estaba contaminada de salmonela.
Una buena mezcla. Lo mejor es tomar este jugo solo, aunque resulta delicioso con jugo de uva.

Naranja

Las primeras naranjas aparecieron en China hace más de cuatro mil años, y en Europa se conocen desde hace cuatro siglos.

Vitaminas. Contienen un alto porcentaje en vitamina C, y también son ricas en vitamina A, B_1 y B_2.
Minerales. Las naranjas contienen calcio, magnesio, fósforo y potasio. En menos cantidad, cobre, manganeso y zinc.
Virtudes terapéuticas. En las fases de crecimiento ayudan a mantener un buen estado bucal y óseo. Son antiinfecciosas y desintoxicantes, digestivas y antihemorrágicas.
Cuáles comprar. Deben ser firmes y compactas y tener peso.
Conservación. En el frigorífico no aguantan más de una semana o dos.
Antes de licuarlas. Es preciso mondarlas y cortarlas.
Una buena mezcla. Añadir a medio litro de jugo de naranja 2 cucharadas soperas de jugo de limón, 6 cucharadas de jugo de fresa y un cuarto de litro de agua.

Nectarina

Aún no está claro qué es la nectarina: si un híbrido entre el melocotón y la ciruela, un melocotón sin pelusa, o una variedad distinta. Lo único que puede afirmarse con rotundidad es que tiene un sabor muy agradable, es refrescante y combina a la perfección con otros jugos.

Vitaminas. Con un alto contenido en vitaminas A, B, C y ácido fólico.
Minerales. Calcio, fósforo, magnesio y potasio.
Virtudes terapéuticas. Protege del cáncer y de las enfermedades cardíacas. Sus propiedades terapéuticas, son parecidas a las del melocotón.
Cuáles comprar. Escoger las nectarinas que tengan un color más oscuro, estén llenas y sin señales de deterioro.
Conservación. Una vez maduras se pueden conservar en buen estado en la parte inferior del frigorífico durante un par de días como máximo.
Antes de licuarlas. Se lavan, se cortan a cuartos y se les extrae el hueso.
Una buena mezcla. Con jugo de manzana.

Papaya

Decir papaya es sinónimo de decir trópico. Aunque originaria de Asia, esta fruta se cultiva en las zonas tropicales, particularmente en América.

Vitaminas. Betacaroteno, ácido fólico y vitamina C.
Minerales. Calcio, magnesio, fósforo, potasio, y sodio. En menor cantidad: hierro, manganeso y zinc.
Virtudes terapéuticas. Contiene un enzima llamado papaína que facilita la digestión de las proteínas.
Cuáles comprar. Adquirir las papayas cuando están más bien amarillas. El punto de madurez se conoce al tacto y se parece al del mango y el aguacate. Las que tienen puntitos o manchas en la piel son más sabrosas.
Conservación. Una vez maduras pueden guardarse en el frigorífico durante un par de días como máximo.
Antes de licuarlas. Cortarlas por la mitad y sacar la carne con ayuda de una cuchara.
Una buena mezcla. El zumo de papaya puede mezclarse con el de manzana o uva.

Pera

Pocas son sus variedades en proporción a los siglos que hace que se cultiva. Uno de los rasgos de esta fruta que más impresiona es su sabor.

Vitaminas. Vitamina A, C y ácido fólico.
Minerales. Calcio, magnesio, fósforo y potasio.
Virtudes terapéuticas. Es refrescante y nutritiva, además de ser muy digestiva. Gracias a su bajo poder calórico resulta diurética y muy apropiada para perder peso. Recomendada para hipertensos o para quienes sufran hinchazones edematosas y enfermedades renales o circulatorias. Bien tolerada por los diabéticos.
Cuáles comprar. Para jugo es mejor elegir peras un poco duras y fuertes (que no verdes). Si están muy blandas pueden obstruir la licuadora.
Conservación. Dentro del frigorífico aguantan como máximo una semana.
Antes de licuarlas. Lavarlas, quitarles el rabo y partirlas en cuartos longitudinales.

Una buena mezcla. El jugo de pera puede mezclarse con jugo de manzana y limón.

Piña

La piña, originaria de América del Norte, debe madurar en la planta, ya que una vez arrancada se detiene el proceso de maduración. Una idea muy «tropical» es servir el jugo de piña en la propia cáscara.

Vitaminas. Contiene vitaminas A, B y C.
Minerales. Es rica en yodo, magnesio, calcio, fósforo, potasio y sodio.
Virtudes terapéuticas. El jugo de piña suaviza la garganta y es apropiado para la laringitis.Tiene propiedades digestivas, diuréticas y desintoxicantes. Además, contiene bromelina, sustancia que ayuda a digerir las proteínas. La piña ayuda a regular la menstruación.
Cuáles comprar. Deben pesar y tener un aroma dulce. De color dorado oscuro.
Conservación. A temperatura ambiente. Si la piña ya está empezada, puede guardarse en el frigorífico.
Antes de licuarlas. Separar el penacho de las hojas de la fruta; cortar la piña a rodajas gruesas, pelarlas y desechar el corazón.
Una buena mezcla. Con manzana y miel.

Plátano

Ya los médicos chinos recetaban esta fruta para las convalecencias en el siglo XII. Su textura hace difícil extraer jugo, pero quedan muy bien batidos con leche.

Vitaminas. Son ricos en vitaminas A, B_3, C y ácido fólico.
Minerales. Contienen calcio, cloro, magnesio, fósforo, potasio y azufre.
Virtudes terapéuticas. Recomendados para períodos de convalecencia, son adecuados para el corazón y el sistema muscular.
Cuáles comprar. Los maduros son de color amarillo con alguna mancha negra en la cáscara.
Conservación. Se conservan bien a temperatura ambiente. Si están verdes pueden introducirse en una bolsa de papel junto a una manzana y guardarlos en un lugar oscuro y fresco. Así, se produce una reacción química que ayuda a la maduración y potencia su valor nutritivo.
Antes de licuarlos. Simplemente hay que pelarlos.
Una buena mezcla. Con jugo de papaya o mango.

Pomelo

Esta fruta procede de Asia y se caracteriza por su sabor ligeramente ácido y amargo. Los pomelos de color rosado son menos ácidos que los blancos amarillentos.

Vitaminas. Contiene betacaroteno y vitaminas B, C y E.
Minerales. Son ricos en calcio, magnesio, fósforo y potasio.
Virtudes terapéuticas. Los pomelos estimulan la digestión, previenen los resfriados y reducen el sangrado de las encías.
Cuáles comprar. Deben pesar y ser redondeados, de piel lisa y delgada. Mejor que sean ligeramente aromáticos. Están en su punto cuando resultan elásticos al tacto.
Conservación. Deben conservarse a temperatura ambiente.
Antes de licuarlos. Pelarlos y trocearlos.
Una buena mezcla. El jugo de tres naranjas y un pomelo es una combinación perfecta.

Sandía

Su color rosa fuerte combinado con el marrón de las pepitas y el verde de la piel hacen de ella una de las frutas más vistosas.

Vitaminas. Ácido fólico, vitaminas A, B_5 y C. ·

Minerales. Calcio, magnesio, fósforo, potasio y sodio.

Virtudes terapéuticas. Se considera la reina de los diuréticos, por lo que está indicada para enfermedades renales, de vejiga y urogenitales.

Cuáles comprar. Dar unos golpecitos con los nudillos y comprobar que suena a hueco. La corteza debe ser opaca y no brillante, y al rascarse ligeramente con la uña, la piel verde debe desprenderse con facilidad.

Conservación. En un lugar fresco y, una vez abierta, dentro del frigorífico.

Antes de licuarla. Al llegar a casa, lavarla y secarla. Antes de licuar, trocearla (no hace falta sacar todas las pepitas).

Una buena mezcla. El jugo de sandía tomado es el refresco veraniego por excelencia. También resulta delicioso si se le añade el jugo de un limón.

Uva

Desde hace siglos ha sido utilizada para obtener pasas, vinos y zumos. Ha sido considerada como el alimento de los dioses. Actualmente, goza de gran prestigio como protectora del corazón, además de ser sedante.

Vitaminas. C, E, B_1, B_2 y B_3.

Minerales. Contienen calcio, magnesio, fósforo, potasio, sodio y azufre.

Virtudes terapéuticas. Importante protector vascular. Recomendada en casos de anemia, estrés, estados febriles, reumatismo, gota, obesidad, hipertensión e insomnio.

Cuáles comprar. Se elegirán siempre las más llenas y olorosas, nunca verdes, ya que una vez arrancadas de la cepa no maduran, sólo se deterioran.

Conservación. Una vez lavadas y secas pueden guardarse en el frigorífico durante una semana.

Antes de licuarlas. Desprenderlas del racimo, lavarlas a conciencia y licuarlas. No hace falta sacar las pepitas.

Una buena mezcla. Con jugo de pera.

Acelga

Esta hortaliza, aunque parezca hermana de la espinaca, en realidad es pariente de la remolacha. Por su alto contenido alimentario, la acelga se encuentra entre las estrellas con más «glamour» de las hortalizas. Se cultiva por sus hojas, no por su raíz.

Vitaminas. Carotenoides y vitamina C.

Minerales. Potasio y hierro.

Virtudes terapéuticas. Gracias a su contenido vitamínico y mineral, las acelgas están especialmente indicadas para la anemia. Son laxantes, sobre todo el caldo que se obtiene después de hervirlas.

Cuáles comprar. Las que sean frescas y no presenten manchas amarillentas. Su color debe ser de un verde intenso, y es mejor escoger aquellas más pequeñas.

Conservación. En el frigorífico se conservan unos tres días como máximo.

Antes de licuarlas. Lavarlas a fondo.

Una buena mezcla. Con jugo de zanahoria y manzana resultan excelentes.

Ajo

Debido a su fuerte olor y sabor lo mejor es consumirlo con prudencia.

Vitaminas. C, B$_1$, B$_2$ y B$_3$ y ácido fólico.
Minerales. Calcio, hierro, magnesio, potasio y sodio.
Virtudes terapéuticas. Ayuda a bajar la presión sanguínea, previene la formación de coágulos, reduce el colesterol y es un poderoso aliado contra ciertos tipos de cáncer de estómago. Refuerza el sistema inmunológico y tiene un componente llamado alicina que es un antibiótico natural. Además, el ajo estimula el flujo de enzimas digestivos y favorece la eliminación de toxinas a través de la piel.
Cuáles comprar. No debe presentar rastros de moho y sus dientes deben ser fuertes y duros.
Conservación. A temperatura ambiente, nunca en el frigorífico.
Antes de licuarlos. Pelarlos. Pasar los ajos por la licuadora primero, así, el zumo y la pulpa del resto de hortalizas arrastrarán los restos de ajo.
Una buena mezcla. Con zumo de zanahoria, perejil, apio, remolacha y manzana.

Apio

Los griegos comían apio para calmar el dolor de cabeza y los romanos creían que prevenía la resaca; quizás por esto el Bloody Mary, un cóctel de jugo de tomate y limón, entre otros ingredientes, se sirve todavía con apio. Su jugo refrescante es ideal para los días de mucho calor.

Vitaminas. Vitaminas A, B$_1$, B$_2$, C y E.
Minerales. Sodio, potasio, magnesio, hierro, fósforo, azufre y calcio.
Virtudes terapéuticas. Es un poderoso activador de la secreción salivar y de los jugos gástricos, facilitando la digestión. Asimismo, favorece la coagulación de la sangre. Ayuda a eliminar el ácido úrico y a prevenir las infecciones.
Cuáles comprar. Elegir los de tallo firme y crujiente y con las hojas sanas.
Conservación. Aguanta perfectamente dentro del frigorífico.
Antes de licuarlos. Lavar con abundante agua fría. Trocearlos y ya están listos para licuar.
Una buena mezcla. Combina con casi todo. No olvidar que el apio se considera un afrodisíaco.

Berro

Su sabor ligeramente picante resulta ideal para mezclar con el jugo de otras hortalizas. Los romanos lo utilizaban para prevenir la caída del cabello.

Vitaminas. Betacaroteno y vitaminas C y E.
Minerales. Es muy rico en sodio y contiene calcio, cloro, hierro, magnesio, fósforo, potasio, sodio y azufre.
Virtudes terapéuticas. Combate la inapetencia, la fatiga, la anemia, las afecciones pulmonares, la dermatosis y los eccemas. Indicado para el reúma y la diabetes. Combinado con pepino y remolacha, el jugo de berro es un remedio para la gota; con hojas de nabo, zanahoria y espinaca previene o alivia las hemorroides.
Cuáles comprar. Deben tener las hojas tiernas y color verde intenso.
Conservación. Son muy perecederos. Secos y guardados en una bolsa de plástico se pueden conservar dos días.
Antes de licuarlos. Lavarlos con abundante agua fría.
Una buena mezcla. Con jugo de zanahoria, patata y un poco de perejil.

Boniato

El boniato tiene un sabor parecido a la patata pero más intenso. Su color, naranja, lo hace muy atractivo. En cuanto a su valor nutricional, rivaliza con el brécol y la zanahoria, es uno de los alimentos más completos que hay. Aunque parezca raro, con boniatos también se pueden hacer jugos.

Vitaminas. Betacaroteno, ácido fólico y vitaminas C y E. Pequeñas cantidades del complejo vitamínico B.
Minerales. Calcio, cloro, magnesio, fósforo, potasio y sodio.
Virtudes terapéuticas. La más destacada es que puede reducir la incidencia del cáncer de colon, esófago y estómago.
Cuáles comprar. Deben elegirse los que sean medianos, duros y con extremos cónicos, color intenso y piel lisa.
Conservación. En un lugar fresco se conservan bien hasta casi una semana.
Antes de licuarlos. Limpiarlos con agua y un cepillo de cerdas duras.
Una buena mezcla. Una mezcla de boniatos y zanahorias es excelente para el cutis.

Brécol

Se cree que el brécol es un híbrido de la col que empezó a ser cultivado por los romanos.

Vitaminas. Contiene betacaroteno, vitaminas B y C y es rico en fibra.
Minerales. Hierro, calcio, azufre y potasio.
Virtudes terapéuticas. El brécol está especialmente recomendado para la prevención del cáncer, ya que se cree que es capaz de inactivar las hormonas de estrógenos.
Cuáles comprar. Elegir siempre las piezas más compactas y verdes. Deben estar tiesos; si los tallos son flácidos y leñosos indica que son viejos.
Conservación. Se conservan en el frigorífico.
Antes de licuarlos. Lavarlos con especial atención, ya que a los insectos les encanta esconderse entre sus hojas.
Una buena mezcla. El jugo de brécol está delicioso mezclado con zanahoria y manzana.

Cebolla

La cebolla es una de las hortalizas más antiguas que se conocen. La más utilizada en jugos es la variedad roja, de sabor más dulce.

Vitaminas. Es rica en ácido fólico y vitamina C. Contiene pequeñas cantidades de biotina y de vitaminas A, E, B_1, B_2, B_3, B_5 y B_6.
Minerales. Calcio, cloro, magnesio, fósforo, potasio y azufre.
Virtudes terapéuticas. Tiene propiedades diuréticas, cardiotónicas, hipoglucémicas y antisépticas. Regula el ciclo menstrual y reduce el riesgo de trombosis, así como el nivel de colesterol, los triglicéridos y el ácido úrico.
Cuáles comprar. Elegir las cebollas de piel seca y crujiente. Nunca deben tener manchas verdosas.
Conservación. Hasta un mes en un lugar seco y fresco. Deben mantenerse alejadas de las patatas, ya que pueden absorber la humedad de éstas y reblandecerse.
Antes de licuarlas. Pelar las cebollas y cortarlas a trozos.
Una buena mezcla. Mezclar el jugo de una cebolla roja con jugo de tomate.

163

Col

La col es pariente del repollo, de la col de Bruselas, la coliflor y el nabo. Se cultivaba en la Antigua Roma.

Vitaminas. Betacaroteno y vitamina A.
Minerales. Azufre, calcio, fósforo, magnesio, yodo, hierro y cobre.
Virtudes terapéuticas. Paraliza la acción de los estrógenos, por lo que está indicada contra el cáncer de pecho. Protege el hígado y combate las infecciones. Favorece la nutrición de los tejidos, previniendo el envejecimiento prematuro. Además, ayuda al rendimiento físico y mental. Estudios recientes demuestran su eficacia en el tratamiento de úlceras gástricas o duodenales.
Cuáles comprar. Las que presentan un color verde oscuro, tienen las hojas fuertes y frescas y con pocos nervios.
Conservación. Lavada y seca puede conservarse en el frigorífico.
Antes de licuarlas. Si no han sido cultivadas biológicamente hay que desechar las hojas externas.
Una buena mezcla. El jugo de col mezclado con pepino.

Coles de Bruselas

Por su tamaño, parecen las hermanas pequeñas de la col común, pero son lo suficientemente «mayores de edad» en cuanto a su valor nutricional.

Vitaminas. Ricas en betacaroteno, ácido fólico y vitamina C.
Minerales. Contienen calcio, magnesio, fósforo, potasio y sodio, así como pequeñas cantidades de zinc, hierro y cobre.
Virtudes terapéuticas. Aporta los elementos que el páncreas necesita para regenerar su capacidad de producir insulina. Por lo tanto, resultan especialmente recomendadas para quienes sufren de diabetes.
Cuáles comprar. Las hojas deben ser de color verde pálido y presentar un aspecto fresco. No deben tener un aroma fuerte.
Conservación. Dentro del frigorífico se conservan bien un par de días.
Antes de licuarlas. Quitar las hojas exteriores y licuarlas. No es necesario cortarlas.
Una buena mezcla. Añadirle al jugo de coles de Bruselas, jugo de manzana, zanahoria, lechuga y perejil.

Coliflor

Se cultivó a partir del brécol. Su centro es la «cuajada».

Vitaminas. Betacaroteno, el ácido fólico y C, B_1, B_2, B_3, B_5 y B_6.
Minerales. Están presentes el calcio, magnesio, fósforo, potasio y sodio.
Virtudes terapéuticas. Contiene indoles, unos compuestos que paralizan las hormonas de estrógenos que intervienen en el cáncer de mama. Pero si se están tomando medicamentos, debe consultarse con el médico, ya que estas sustancias pueden acelerar el proceso metabólico de algunas drogas.
Cuáles comprar. La cuajada debe ser fuerte y de color casi blanco. Las hojas que la cubren, de aspecto saludable y tono verde claro. No comprar las que presenten zonas marrones o puntitos negros.
Conservación. En el frigorífico.
Antes de licuarlas. Lavarlas cuidadosamente.
Una buena mezcla. Con zanahoria, perejil y manzana.

Diente de león

Esta «mala hierba» es rica en nutrientes. Tiene más hierro que las espinacas y más vitamina A que la lechuga.

Vitaminas. A, B y C, clorofila, ácido fólico, taraxacina, inulina, fructosa y caroteno.

Minerales. Calcio, potasio, hierro, magnesio, fósforo, silicio, sodio, azufre y manganeso.

Virtudes terapéuticas. Excelente tónico que purifica el organismo y refuerza la sangre y los huesos. Ayuda a que el hígado realice su función depurativa.

Cuáles comprar. No se compra, sino que se recolecta directamente. Si no se está seguro de si estas plantas han sido tratadas con pesticidas, o no se encuentran al alcance pueden adquirirse en mercados y herboristerías.

Conservación. Una vez limpias y secas, pueden guardarse en el frigorífico.

Antes de licuarlas. Lavarlas.

Una buena mezcla. Combina bien con jugo de zanahoria o manzana.

Espárrago

El espárrago era la verdura preferida del emperador Julio César y, antes de alcanzar reputación por su sabor, ya la tenía como medicamento. Después de comer espárragos, la orina es de color oscuro y de olor fuerte.

Vitaminas. Contienen A, B y C.

Minerales. Hierro, manganeso, potasio y fósforo.

Virtudes terapéuticas. Es un alimento depurativo y diurético. Disminuye el nivel de azúcar en la sangre. Contiene asparagina, que estimula el funcionamiento de los riñones y los intestinos. Esta sustancia se destruye con la cocción, por eso se deben tomar en jugo. Debido a sus propiedades diuréticas, quienes padecen cistitis deben abstenerse de comerlos.

Cuáles comprar. Buscar espárragos cuyos tallos sean quebradizos y de puntas compactas y puntiagudas.

Conservación. Aunque estén dentro del frigorífico, deben consumirse lo antes posible.

Antes de licuarlos. Lavarlos.

Una buena mezcla. Su jugo puede combinarse con el de apio y zanahoria.

Espinaca

Las espinacas son una planta comestible de la familia de las quenopodiáceas, que poseen cualidades terapéuticas y son una fuente importantísima de proteínas.

Vitaminas. Betacaroteno y vitaminas B_3 y C.

Minerales. Entre los minerales que contiene cabe citar el calcio, el hierro, el fósforo, el potasio y el sodio.

Virtudes terapéuticas. Limpian y regeneran el aparato digestivo. Activan el hígado y las glándulas linfáticas. Son excelentes para la circulación, pero contienen ácido oxálico, que puede inhibir la absorción de calcio y limitar la cantidad de hierro.

Cuáles comprar. Preferiblemente las de hojas verdes y brillantes, que sean frescas y fuertes, y de tallos cortos.

Conservación. Una vez lavadas y secas se conservarán en el frigorífico durante un par de días en una bolsa de plástico cerrada.

Antes de licuarlas. Lavarlas bien, eliminado toda la tierra.

Una buena mezcla. Son ricas con zanahoria o manzana.

165

Hinojo

Pariente del apio, se conoce también como anís dulce, y su sabor recuerda al del regaliz. Aunque los italianos llevan muchas generaciones consumiéndolo, en otros países se conoce poco.

Vitaminas. Contiene vitaminas C y B_6.
Minerales. Calcio, potasio, fósforo, azufre y hierro.
Virtudes terapéuticas. Combinado con zumo de remolacha y zanahoria combate el dolor y la anemia causados por la pérdida menstrual. Ayuda a digerir alimentos flatulentos, como las legumbres. Indicado en problemas oculares y migraña. Como ayuda a eliminar líquidos, se le considera anticelulítico.
Cuáles comprar. El bulbo debe ser blanco, sólido y quebradizo a la vez; y las hojas de color verde.
Conservación. Puede conservarse dentro del frigorífico, pero debe consumirse antes de una semana.
Antes de licuarlos. Lavarlo, partirlo y cortarlo.
Una buena mezcla. Gracias a su sabor anisado es perfecto para mezclarlo con otros jugos más insípidos.

Jengibre

Ya, antiguamente, los asiáticos condimentaban sus comidas con esta raíz, sobre todo por sus propiedades medicinales. Suele cultivarse en climas tropicales, y hoy en día puede encontrarse en muchos sitios.

Vitaminas. No hay datos concretos.
Minerales. Potasio, magnesio y fósforo.
Virtudes terapéuticas. Dilata los vasos sanguíneos superficiales, es decir, hace transpirar y acto seguido proporciona una sensación muy agradable de frescor. Indicado para la faringitis, ya que suaviza las cuerdas vocales y ayuda a eliminar la mucosidad y las flemas pulmonares.
Cuáles comprar. Optar por plantas pequeñas de piel brillante, sin partes blandas ni un aroma demasiado intenso. Puede comprarse ya molido, menos aromático y nutritivo.
Conservación. Se mantiene bien en un lugar fresco.
Antes de licuarlos. Si la piel es muy dura puede pelarse antes de preparar el jugo.
Una buena mezcla. Diluir su jugo con el de manzana y zanahoria.

Lechuga

La lechuga es una planta apta para hacer zumos. Como hay muchas variedades, lo mejor es optar por las de temporada. Las denominadas iceberg apenas contienen nutrientes.

Vitaminas. Contiene carotenoides, betacaroteno y vitaminas C y E. En menor medida, vitaminas B_1, B_2, B_3, B_5 y B_6.
Minerales. Calcio, magnesio, fósforo, potasio, sodio y silicio.
Virtudes terapéuticas. Gran poder depurativo y contribuye al buen funcionamiento digestivo. Gracias al silicio, refuerza el cabello y la piel. Si se mastica, tiene la propiedad de limpiar y reforzar dientes y encías.
Cuáles comprar. La de aspecto vivo, como recién arrancada; las hojas verdes contienen más nutrientes que las blancas.
Conservación. Lavar las hojas, secarlas y guardarlas en bolsas de plástico dentro del frigorífico.
Antes de licuarlas. Quitar las hojas dañadas y lavar.
Una buena mezcla. Con zanahoria y perejil.

Nabo

Para hacer jugo pueden utilizarse las hojas y la raíz. Tiene un sabor ligeramente apimentado.

Vitaminas. Ácido fólico y vitaminas C, B_1, B_2, B_3, B_5 y B_6.

Minerales. Contiene calcio, magnesio, fósforo y potasio.

Virtudes terapéuticas. Por su alto porcentaje en calcio se recomienda dar jugo de nabo a niños en edad de crecimiento. Indicado para combatir problemas óseos. Combinado con otras hortalizas (berro o espinaca) es efectivo para tratar las hemorroides. El jugo de la raíz y la hoja combinados ayuda a eliminar cálculos renales.

Cuáles comprar. No deben ser muy grandes. Su textura debe ser fuerte y su piel tersa. Comprobar que la parte superior no esté blanda.

Conservación. En el frigorífico, no más de una semana.

Antes de licuarlos. Quitar el tallo, limpiarlo con un cepillo y agua abundante y cortarlo a trozos.

Una buena mezcla. Con zanahoria y diente de león.

Patata

Junto con los tomates y los pimientos, la patata llegó a Europa de la mano de los españoles procedente del «Nuevo Mundo». Consumida en todo el planeta, ha sido y continúa siendo el único sustento de pueblos enteros. Con esto queda demostrado su alto contenido en nutrientes.

Vitaminas. Ácido fólico, biotina y vitaminas C, B_1, B_2, B_3, B_5 y B_6.

Minerales. Calcio, cloro, magnesio, fósforo, potasio, azufre, cobre, hierro y zinc.

Virtudes terapéuticas. Se recomienda en los procesos de gastritis, úlceras, estreñimiento y hemorroides. Además, es revitalizante y beneficiosa en casos de gota.

Cuáles comprar. Comprar las patatas que no hayan germinado (sin grillos) y no estén manchadas ni decoloradas. Si presentan partes verdosas, deben evitarse, ya que esa pigmentación la produce un alcaloide tóxico.

Conservación. En lugar fresco y seco.

Antes de licuarlas. Lavarlas.

Una buena mezcla. Con jugo de manzana, zanahoria y chirivía.

Pepino

Ya en el siglo V a.C., el pepino era apreciado en Grecia y Roma. Se calcula que en los días más calurosos del año, esta hortaliza puede conservar su temperatura interior a 11 ºC, por lo que es un refresco natural.

Vitaminas. Es rico en ácido fólico y vitamina C. También contienen biotina y vitaminas B_1, B_2, B_3, B_5 y B_6.

Minerales. Calcio, cloro, magnesio, potasio, azufre y sodio.

Virtudes terapéuticas. Esta hortaliza estimula el crecimiento en los niños y evita la caída del cabello.

Cuáles comprar. Escoger los más pequeños, cuyo sabor suele ser más dulce. Aunque tienen unos pequeños bultos como granos en la superficie, no deben ser blandos ni arrugados.

Conservación. En el frigorífico puede conservarse hasta una semana.

Antes de licuarlos. Limpiarlos bien con un cepillo y agua. Si se está seguro de que no han sido encerados no hace falta pelarlos.

Una buena mezcla. El jugo de pepino es muy agradable mezclado con jugo de tomate, cebolla y ajo.

Perejil

En la Antigüedad se creía que llevar perejil alrededor del cuello protegía de los malos espíritus. El perejil constituye uno de los alimentos más completos que se conocen y uno de los más ricos en vitamina A.

Vitaminas. A, B$_3$, C y E.
Minerales. Calcio, hierro, fósforo, azufre, potasio y sodio.
Virtudes terapéuticas. Combate el mal aliento. Una cataplasma de esta planta aplicada sobre un quiste o forúnculo ayudará a desinfectar la herida.
Cuáles comprar. Debe tener las hojas de un verde intenso y un aspecto fresco y vigoroso.
Conservación. Consúmase lo antes posible; de lo contrario, puede conservarse dentro del frigorífico en una bolsa de plástico cerrada herméticamente. El jugo de perejil no debe beberse nunca solo y, además, no se recomienda más de una cucharada al día diluida con otros jugos.
Una buena mezcla. Resulta excelente si se le añade al jugo de zanahoria y manzana.

Pimiento

Pueden ser rojos, amarillos o verdes y cualquiera de estas variedades, en jugo resultará deliciosa; el más dulce es el rojo. Gran fuente de vitamina C, en especial los rojos. Las variedades que se recolectan en verano son más recomendables para hacer zumo.

Vitaminas. Contienen betacaroteno, ácido fólico y vitamina C. Pequeñas cantidades de vitaminas B$_2$, B$_3$, B$_5$, B$_6$ y vitamina E.
Minerales. Calcio, el cloro, el magnesio, el fósforo, el potasio y el sodio, además de cobre, hierro y zinc, en menor proporción.
Virtudes terapéuticas. Reducen la inflamación de los tendones y fortalecen la salud en general. Fortalecen la piel, las uñas y el cabello.
Cuáles comprar. Duros y de superficie suave. Cuidado con los que presenten un aspecto muy brillante, pues pueden haber sido encerados.
Conservación. En el frigorífico.
Antes de licuarlos. Lavarlos, abrirlos y sacarles las semillas.
Una buena mezcla. Con el jugo de tomate y pepino.

Rábano

Su olor recuerda a la pimienta y posee un fuerte sabor.

Vitaminas. Ácido fólico y vitaminas C, B$_1$, B$_2$, B$_3$, B$_5$ y B$_6$.
Minerales. Calcio, cloro, hierro, magnesio, fósforo, potasio, sodio y azufre. También cobre y zinc en menor cantidad.
Virtudes terapéuticas. Está recomendado en épocas de inapetencia y es un buen drenador hepático y renal, siempre y cuando no hayan infecciones en estos órganos ni se tenga el estómago inflamado. Reconstituye las membranas mucosas y alivia el dolor de estómago.
Cuáles comprar. Deben ser duros, de color rojo intenso en la raíz y con los tallos verdes y sanos.
Conservación. Cortar las hojas, ya que absorben nutrientes de la raíz. Éstas pueden utilizarse licuadas, ya que aumentan la digestibilidad. Una vez limpios y secos, se mantienen en el frigorífico hasta una semana.
Antes de licuarlos. Lavarlos bien.
Una buena mezcla. Mezclar con siete partes de apio y una de rábano.

Remolacha

Su color rojo rubí ya anuncia los beneficios terapéuticos que esta hortaliza tiene en la sangre. Su jugo es bastante fuerte y conviene combinarlo con otras verduras.

Vitaminas. Contiene ácido fólico y vitamina C, así como vitaminas B_1, B_2, B_3 y B_5.
Minerales. Calcio, el magnesio, el fósforo, el potasio, el sodio, el cobre, el hierro y el zinc.
Virtudes terapéuticas. Su riqueza en minerales beneficia el hígado y la vesícula biliar. Estimula la formación de glóbulos rojos y de las glándulas linfáticas. Depura la vejiga y los riñones, y alcaliniza la sangre. Gracias a que equilibra la vida celular se recomienda en la prevención del cáncer.
Cuáles comprar. Las fuertes y lisas. Las más pequeñas son más tiernas.
Conservación. Dentro del frigorífico o en un lugar fresco.
Antes de licuarlas. Lavarlas con un cepillo y agua abundante, cortar los extremos.
Una buena mezcla. Con jugo de zanahoria y apio.

Tomate

Es uno de los principales ingredientes de la dieta mediterránea. Con él se elabora el exquisito gazpacho andaluz. Una vez se ha probado el zumo de tomate elaborado en casa se renuncia al envasado, ya que su sabor y textura son muy distintos. De jugo muy refrescante.

Vitaminas. Betacaroteno, biotina, ácido fólico y vitaminas C, B_1, B_2, B_3, B_5 y B_6.
Minerales. Es muy rico en cloro, calcio, magnesio, fósforo, potasio y azufre. También contiene pequeñas dosis de cobre, hierro y zinc.
Virtudes terapéuticas. Recomendado para las épocas de crecimiento, ya que aporta vitalidad y contribuye al equilibrio orgánico. Apropiado para tratar la gota y procesos reumáticos.
Cuáles comprar. Evitar los que no huelen, pesan mucho y al apretarlos la carne cede.
Conservación. Maduran a temperatura ambiente. En su punto, se conservan en el frigorífico dos o tres días.
Antes de licuarlos. Lavarlos.
Una buena mezcla. Con pepino.

Zanahoria

Es la reina de los jugos; junto con la manzana combina con todo (frutas y verduras) por lo que es el zumo «diluyente» por excelencia.

Vitaminas. Betacaroteno, biotina, ácido fólico y vitaminas C, B_1, B_2, B_3, B_5, B_6 y E.
Minerales. Destacan el calcio, el cloro, el hierro, el magnesio, el fósforo, el potasio, el sodio, el azufre, el cobre, el hierro y el zinc.
Virtudes terapéuticas. Es uno de los mejores aliados de las defensas del organismo. Estimula la formación de glóbulos rojos y regula las funciones digestivas. Protege la visión. Combate la anemia y la arterosclerosis, y está indicado para úlceras gastroduodenales e infecciones, inflamaciones y parásitos intestinales.
Cuáles comprar. Las más duras y lisas. Cuanto más brillantes, más dulces.
Conservación. En el frigorífico se conservan hasta dos semanas.
Antes de licuarlas. Limpiarlas con cepillo y agua. Eliminar la parte superior.
Una buena mezcla. Tantas como se quieran.

Tabla de minerales (mg por cada 100 g de alimento) * = Sin datos; + = Trazas

FRUTAS	Sodio	Potasio	Calcio	Fósforo	Magnesio	Hierro	Flúor
Aguacate	3	503	10	38	29	0,6	*
Albaricoque	2	280	17	22	9	0,6	0,01
Arándano	1	73	13	11	2	0,9	0,02
Cereza	3	210	20	20	15	0,4	0,02
Ciruela	2	221	14	18	10	0,4	0,02
Chirimoya	*	*	15	40	*	0,6	*
Frambuesa	3	153	18	13	16	2,6	*
Fresa	2	156	24	25	15	1,0	0,02
Grosella negra	5	98	15	10	*	0,3	*
Grosella roja	+	110	7	7	*	0,3	*
Higo	2	217	54	32	20	0,6	0,02
Kiwi	4	295	40	31	24	0,5	*
Limón	2	142	11	12	10	0,2	*
Mango	7	190	10	13	18	0,5	*
Manzana	2	109	7	8	4	0,3	0,01
Melocotón	1	204	8	21	9	0,5	0,02
Melón verde	14	320	19	30	20	0,8	*
Mora	2	260	36	48	15	1,6	*
Naranja	1	157	11	16	12	0,2	0,01
Níspero	6	250	30	28	11	0,5	*
Papaya	3	200	23	15	40	0,4	*
Pera	2	128	9	13	8	0,3	0,01
Piña	1	149	15	9	*	0,3	*
Plátano	1	382	8	27	36	0,7	0,02
Sandía	1	158	15	15	3	0,4	0,01
Uva	3	132	12	12	9	0,4	0,01

HORTALIZAS	Sodio	Potasio	Calcio	Fósforo	Magnesio	Hierro	Flúor
Acelga	90	376	103	39	*	2,7	*
Ajo	*	*	38	134	*	1,4	*
Apio	96	291	50	40	27	0,5	*
Cebolla	9	175	27	42	11	0,5	0,04
Coliflor	16	311	22	72	17	1,1	0,01
Endibia	4	192	26	26	13	0,7	*
Espinaca	54	633	126	51	58	4,1	0,1
Hinojo	86	494	109	51	49	2,7	*

HORTALIZAS	Sodio	Potasio	Calcio	Fósforo	Magnesio	Hierro	Flúor
Jengibre	34	910	97	140	130	17	*
Lechuga	10	224	37	31	11	1	0,03
Nabo	18	322	32	30	15	0,9	*
Patata	3	443	9	50	25	1	0,1
Pepino	8	141	15	23	8	0,5	0,02
Perejil	33	1000	245	128	41	8	0,1
Pimiento	2	213	10	26	12	0,7	*
Remolacha	200	242	2	29	*	*	*
Tomate	6	297	13	27	20	0,5	0,02
Zanahoria	60	290	37	36	17	2,1	0,04

Así actúan algunos minerales

Azufre. Purifica las paredes intestinales. Conserva la salud de dientes, uñas y cartílagos. Ayuda en la etapa de crecimiento. Protege el hígado.

Calcio. Ayuda en la etapa de crecimiento y a la coagulación de la sangre. Regula el ritmo cardíaco. Activa enzimas digestivos de grasas y proteínas.

Cobre. Fundamental para la correcta absorción del hierro pero en exceso puede ser perjudicial. No cocinéis con cacerolas de cobre sin revestir.

Fósforo. Ayuda a la formación de dientes y huesos. Combate la fatiga y regula la temperatura interna corporal. Ayuda en la absorción de las grasas. Nutre el cerebro, especialmente el hipotálamo.

Hierro. Reoxigena los glóbulos rojos y favorece el sistema respiratorio. Ideal en caso de fatiga psíquica y física. La falta de hierro provoca anemia.

Magnesio. Ayuda a metabolizar los alimentos y es importante para la actividad muscular. Mantiene el equilibrio del sistema nervioso.

Potasio. Estimula el ritmo cardíaco. Da un aspecto sano a la piel. Ayuda a eliminar edemas. Alivia los calambres musculares.

Silicio. Ayuda a mantener un aspecto joven. Alivia el dolor causado por la tendinitis. Fortalece las uñas.

Sodio. Ayuda a la digestión. Previene la retención de líquidos. Regula el nivel de anhídrido carbónico.

Yodo. Regula la actividad tiroidea. Es antiséptico y ayuda a eliminar mucosidades respiratorias.

Zinc. Protege el sistema inmunitario. Ayuda a mantener el buen funcionamiento de los sentidos de la vista, olfato y gusto. Buen aliado del silicio en el cuidado saludable del cabello, piel y uñas.

Tabla de vitaminas <small>(mg por cada 100 g de alimento) * = Sin datos; + = Trazas</small>

FRUTAS	Vitamina A	Vitamina E	Vitamina B$_1$	Vitamina B$_2$	Vitamina B$_3$	Vitamina B$_6$	Vitamina C
Aguacate	12	3	0,08	0,15	1,1	0,5	13
Albaricoque	298	0,5	0,04	0,05	0,7	0,07	10
Arándano	26	*	0,02	0,02	0,4	0,06	22
Cereza	14	0,1	0,04	0,04	0,3	0,05	15
Ciruela	35	0,8	0,07	0,04	0,4	0,05	5
Chirimoya	0	*	0,09	0,11	1	*	
Frambuesa	7	4,5	0,03	0,07	0,3	0,08	25
Fresa	13	0,2	0,03	0,06	0,6	0,06	6
Grosella negra	23	1	0,05	0,05	0,3	0,08	189
Grosella roja	7	0,2	0,04	0,03	0,2	0,05	36
Higo	8	*	0,06	0,05	0,5	0,1	3
Kiwi	*	*	0,02	0,05	0,4	*	100
Limón	2	*	0,04	0,01	0,1	*	51
Mango	*	1	0,05	0,04	0,7	*	30
Manzana	7	*	0,02	0,03	0,3	0,05	1
Melocotón	73	0,3	0,03	0,05	0,9	0,03	10
Melón verde	*	0,1	0,05	0,03	0,5	*	25
Mora	*	*	0,05	0,04	0,4	*	10
Naranja	15	*	0,09	0,04	0,4	0,05	50
Níspero	*	*	*	*	*	*	2
Papaya	125	*	0,03	0,04	0,4	*	70
Pera	5	0,4	0,03	0,04	0,2	0,02	5
Piña	10	*	0,08	0,03	0,2	0,08	20
Plátano	38	0,5	0,05	0,06	0,7	0,37	11
Sandía	58	*	0,05	0,05	0,3	0,07	10
Uva	5	*	0,05	0,03	0,3	0,07	4

HORTALIZAS	Vitamina A	Vitamina E	Vitamina B$_1$	Vitamina B$_2$	Vitamina B$_3$	Vitamina B$_6$	Vitamina C
Acelga	583	*	0,1	0,2	0,6	*	39
Ajo	*	+	0,2	0,08	0,6	*	14
Apio	*	*	0,03	0,04	0,3	*	7
Cebolla	33	0,1	0,03	0,03	0,2	0,13	10
Coliflor	21	0,1	0,1	0,11	0,6	0,2	69
Endibia	216	*	0,05	0,03	0,2	0,05	10
Espinaca	816	1,7	0,1	0,2	0,6	0,2	51
Hinojo	783	6	0,2	0,1	0,2	0,1	93

HORTALIZAS	Vitamina A	Vitamina E	Vitamina B$_1$	Vitamina B$_2$	Vitamina B$_3$	Vitamina B$_6$	Vitamina C
Jengibre	*	*	*	*	*	*	*
Lechuga	150	0,4	0,06	0,08	0,4	0,06	10
Nabo	+	*	0,03	0,03	0,4	0,06	29
Patata	2	0,1	0,1	0,05	1,2	0,2	22
Pepino	28	0,1	0,02	0,03	0,2	0,04	8
Perejil	1,2	*	0,14	0,3	1,4	*	166
Pimiento	100	3,1	0,07	0,05	0,4	0,27	140
Remolacha	0	0	0,04	0,05	0,6	0,08	25
Tomate	133	0,8	0,06	0,04	0,6	0,1	24
Zanahoria	1,1	0,6	0,06	0,05	0,6	0,1	8

Así actúan algunas vitaminas

Vitamina A (Retinol). Aumenta las defensas. Refuerza el sistema inmunológico. Mejora la visión. Antioxidante. Si su origen es natural, aunque se tome en exceso no perjudica .

Vitamina B$_1$ (Tiamina). Convierte en energía el azúcar de la sangre. Corazón. Ayuda a controlar la diabetes. El alcohol inhibe la tiamina.

Vitamina B$_2$ (Riboflavina). Metaboliza los hidratos de carbono. Aumenta el rendimiento de los deportistas. Carencias en diabéticos en caso de dieta pobre o rigurosa. Su falta puede producir grietas en la piel y en la comisura de los labios.

Vitamina B$_3$ (Niacina). Transporta el hidrógeno al interior de las células. Colesterol. Enfermedades cardiovasculares. Hipertensión arterial. Dolores de cabeza. Artritis. Es esencial para la salud de la piel, la lengua y el aparato digestivo.

Vitamina B$_6$ (Piridoxina). Refuerza los sistemas nervioso e inmunitario. Útil en problemas digestivos y de la piel. La única que contiene cobalto.

Vitamina B$_{12}$ (Cobalamina). Energética. Anemia.

Vitamina C (Ácido ascórbico). Antioxidante. Es la encargada de construir el sistema inmunitario. Influye en la absorción del hierro. Actúa como antiséptico y previene las inflamaciones. Encías sangrantes. Resfriados y gripes.

Vitamina D. Facilita la absorción del calcio. Para personas mayores. Evita el raquitismo. Se produce en la piel cuando tomamos un poco el sol.

Vitamina E. Antioxidante. Heridas, quemaduras. En caso de impotencia o esterilidad masculina, y en problemas cardiovasculares y neurológicos. La vitamina E es de vital importancia durante el embarazo.

Los suplementos dietéticos

HACIA UNA NUTRICIÓN MÁS SALUDABLE,
MÁS EQUILIBRADA...Y MUY ENERGÉTICA

Durante años los nutricionistas han clasificado los nutrientes como «esenciales» o «no esenciales». Los nutrientes o minerales esenciales son aquellos **aminoácidos** que el organismo humano no puede producir de manera natural, por lo que deben obtenerse de los alimentos o de complementos dietéticos.

La condición de mineral principal se determina si necesitamos más de **100 mg diarios**. Los nutrientes no esenciales u oligoelementos son aquellos que el cuerpo produce naturalmente y, por este motivo, los especialistas en nutrición no recomiendan su ingesta diaria. Algunos de estos oligoelementos actúan en el organismo en dosis diarias de microgramos (1 microgramo son 0,01 miligramos).

Pero, ¿Qué sucede con lo que comemos? A pesar de que todos los aminoácidos esenciales se encuentran en las frutas, verduras y hortalizas habituales, resulta difícil obtenerlos en cantidades adecuadas para responder a los mínimos recomendados. Por eso conviene añadir algún suplemento dietético que nos permita lograr la dosis correcta para el buen funcionamiento del organismo. Entre éstos tenemos el calcio, el cloro, el hierro, el magnesio, el fósfo-

ro, el potasio, el yodo, el sodio y el azufre, junto a otros y a oligoelementos no menos convenientes. También hay que tener en cuenta, sin embargo, que algunos minerales que resultan esenciales para la salud en dosis mínimas, pueden ser altamente peligrosos en dosis más altas. En este grupo se encontrarían el plomo, el mercurio, el aluminio, el arsénico y el cadmio.

Conviene **no abusar** de los minerales ni tampoco de los suplementos dietéticos, que podemos incluir en la dieta con moderación, en la dosis adecuada para nuestra constitución física, edad y actividad diaria. Incluso un mineral tan necesario como el calcio puede resultar tóxico si se toma en exceso. Lo más indicado es elegir un buen dietista (tened en cuenta que existen dietistas muy «fervorosos» en favor de los suplementos dietéticos en grandes cantidades).

¿Qué nos aportan?

Podemos preguntarnos qué tienen los minerales, esas sustancias tan minúsculas, para ser tan importantes para nuestra salud. Pues bien: hoy se sabe que lo que tienen es tanto, que vale la

pena hacer un hueco en nuestra dieta a los suplementos dietéticos. Los minerales son los encargados de proporcionar la **materia estructural** para los huesos y para otros tejidos conjuntivos, permiten que los **impulsos eléctricos** puedan desplazarse por los nervios y, por último, soportan la función de los **enzimas** en los procesos fisiológicos (por ejemplo, desde la reproducción del ADN a la fabricación de proteínas). Son, pues, tres razones de peso para no pasar por alto su importancia.

Se sabe que nuestros antepasados no solían sufrir carencias de minerales. ¿Por qué ahora sí, si se cuida mucho más la alimentación? En parte se debe a las técnicas de cultivo imprudentes que se llevan a cabo en la actualidad ya que,

como consecuencia de ello, los productos de la tierra se han desmineralizado.

En un ecosistema estable, las plantas abosorben los minerales del suelo a medida que crecen y dan frutos. Cuando la planta muere, los minerales vuelven a la tierra y los reutilizan otras plantas. Sin embargo, si el agricultor arranca las plantas o sus frutos y los granos con las cosechas, se retiran del ciclo los minerales que hay en ellos. Así, el suelo va perdiendo paulatinamente minerales y los agricultores han de emplear fertilizantes.

Pero como consecuencia del abuso de fertilizantes **químicos**, las plantas carecen de los nutrientes y oligoelementos necesarios, a pesar de que sigan teniendo el mismo aspecto, o incluso aún más lustroso, que unas décadas atrás.

Los vegetales están más expuestos ahora a las plagas porque, debido a las deficiencias minerales, sus sistemas inmunitarios son más débiles. Necesitan grandes dosis de pesticidas para solucionar esos problemas y poder llegar a nuestras cocinas. Así que cada vez hay más sustancias potencialmente tóxicas que suponen un riesgo para la salud.

Paralelamente disminuye el valor nutritivo de frutas, verduras y hortalizas. Hay minerales que han descendido entre un 20 y un 30 por ciento en las últimas décadas. Además, este contenido

vitamínico puede variar dentro de una misma estación según cuándo se recolecta la cosecha. La demanda creciente de alimentos orgánicos (de cultivo ecológico, biológico o biodinámico) se debe a que estas plantas no contienen pesticidas y son más sanas y nutritivas. Los agricultores responsables se están dando cuenta, además, de que se trata de un excelente negocio para ellos, porque su esfuerzo se ve recompensado con unos precios de venta más altos y con la satisfacción de que sus frutas y verduras son nutritivas y saludables, libres de cualquier resto de sustancia tóxica o plaguicida.

De todas formas, y aunque es mejor obtener los minerales y vitaminas directamente de los alimentos, es bueno incluir en nuestra dieta algunos preparados vitamínicos que paliarán la falta de nutrientes de frutas y verduras.

Así que podemos acompañar nuestros jugos con algunos suplementos dietéticos que podemos encontrar en dietéticas y establecimientos de productos naturales en forma de comprimidos o cápsulas. Desde un poco de **zinc** que devolverá vitalidad al cabello a la célebre **coenzima Q-10**, que, además de ser muy amiga de la piel, nos recargará de energía para todo el día, pasando por algún buen complejo multivitamínico.

Los suplementos dietéticos complementan de forma excelente todos nuestros jugos, pero recordad que ¡conviene no olvidarse de comer bien! Así que al final de este libro encontraréis otras publicaciones y libros que aconsejamos, todos ellos útiles para completar una alimentación sana y sabrosa.

A continuación resumimos algunas de las sustancias que se pueden encontrar en las herboristerías en forma de cápsulas de ingredientes naturales y que representan un avance para la salud. Son comprimidos sin azúcar, ni sal (ni almidón, o productos que pudieran producir alergia) ni edulcorantes artificiales. Se pueden encontrar también extractos de la planta medicinal que concentran sus principios activos. Así se puede saber qué cantidad de determinados elementos contiene una planta medicinal y su «potencia» o eficacia real.

Ácidos grasos esenciales

Los ácidos grasos son las unidades estructurales básicas de los lípidos, es decir, de la grasa de la dieta. El organismo puede sintetizar muchos ácidos grasos, pero aquellos que no pueden ser sintetizados en cantidades adecuadas deben ser obtenidos de la dieta y se denominan ácidos grasos esenciales. Los ácidos grasos pueden ser saturados, monosaturados o poliinsaturados dependiendo del grado en que la cadena básica de moléculas de carbono está combinada con hidrógeno.

Los **dos ácidos grasos esenciales** se denominan **ácido linolénico** (ácido graso Omega-3) y **ácido linoleico** (ácido graso Omega-6), que se encuentran en abundancia en aceites de semillas no adulterados de linaza, girasol, del germen de trigo y de cártamo. El aceite de germen de trigo, por ejemplo, estimula importantes funciones fisiológicas, especialmente el sistema muscular y glandular por su riqueza en vitamina E.

Los ácidos grasos esenciales tienen muchos efectos beneficiosos en el organismo e influyen en la producción hormonal y en la salud inmunitaria y cardiovascular. Mantienen la estructura y la función de la membrana celular y las membranas subcelulares. También se encargan de transportar y eliminar el colesterol del organismo y de mantener la piel y otros tejidos jóvenes y flexibles debido a su capacidad lubricante.

En el mercado existen perlas de gelatina vegetal (blanda) y en líquido: aceite de cártamo, de germen de trigo, de linaza o aceite de prímula (onagra). Podemos utilizarlos para aliñar las ensaladas o **para dar el toque final a nuestro jugo de verduras** preferido.

Estos aceites son muy indicados en caso de aterosclerosis, en mujeres embarazadas o durante la menopausia. También ayudan en caso de una digestión demasiado rica en grasas, o cuando se precisa mayor aporte de vitamina E.

Antioxidantes

Un ejemplo: al tomar una taza de café el organismo recibe el pernicioso efecto envejecedor de los radicales libres. Por suerte, frente a esos enemigos de la juventud disponemos de alimentos **antioxidantes**, que actúan contra esos radicales libres que, para defenderse, genera el organismo innumerables veces cada día.

Los antioxidantes están presentes a lo largo de este libro. Recordemos aquí que entre los más importantes están los que incluyen carotenoides como el betacaroteno, vitamina C, vitamina E.

Los pigmentos que aparecen en hortalizas y frutas (como el resberitrol presente en la uva, por ejemplo) y los componentes encontrados en ciertas plantas, como los polifenoles del té verde o como el ginkgo biloba, así como el zinc y el selenio son también un antioxidante esencial.

Existen antioxidantes también en forma de suplemento dietético; funcionan muy bien, pero no resultan tan imprescindibles, sobre todo si se sigue una tipo de alimentación saludable, bien sea de tipo naturista actual o bien cercana a la célebre dieta mediterránea. Tenéis complejos de polifenol natural de frutas, de mirtilo, ginkgo y eufrasia, extractos de semilla de uva... Todos ellos se pueden tomar con un buen jugo.

Fibra

Lo ideal es incluir pan y cereales integrales en la alimentación de cada día, además de abundante fruta y verdura, para evitar carencia de fibra. En cuanto a los jugos, incluso cuando se elimina parte de la pulpa contienen fibra.

«Fibra» son todas aquellas sustancias alimenticias que nuestro organismo no puede metabolizar. Se engloban en dos grupos: las solubles en agua y las insolubles en agua.

La **fibra soluble** suele encontrarse en la avena, pectina, goma guar, cebada, judías y vegetales marinos, mientras que la **insoluble** está presente en el salvado de trigo, los cereales integrales, la piel de las frutas y verduras y los frutos secos; absorbe gran cantidad de agua, estimula el tracto intestinal y proporciona beneficios gastrointestinales.

La fibra pasa a través del tracto digestivo limpiando el intestino, ayudándolo a trabajar más eficazmente. Es pegajosa y tiene la propiedad de modular la glucosa en sangre, ralentizando su absorción en el flujo sanguíneo. Además ayuda a disminuir un nivel elevado de colesterol.

En el mercado existen suplementos de fibra (pectina de manzana en polvo, salvado de avena...) pero sinceramente, si se sigue una alimentación equilibrada, no son necesarios.

179

Veamos un ejemplo de la saludable utilidad de la fibra: la pectina de pomelo ayuda a disminuir el nivel de colesterol «malo» y contribuye a «limpiar» las arterias; previene la obstrucción arterial y contribuye a reducir la cantidad de plaquetas en las arterias. Y crea una fina capa de agua en el tracto intestinal, lo que impide la absorción de grasa.

Lecitina de soja

La lecitina se usa en los alimentos como emulgente de las grasas. Es una importante fuente de *fosfolípidos* (que se encuentran en la estructura de todas las membranas celulares) y es necesaria para todas las células vivas del organismo humano. Así, las células musculares y nerviosas contienen esa sustancia grasa esencial.

La lecitina es una fuente de vitamina B, especialmente la colina, y puede encontrarse en gran concentración en la yema de huevo y en la soja. Hace posible que las grasas en el organismo, como el colesterol y otros lípidos, puedan disolverse en el agua y eliminarse.

La lecitina es excelente para evitar la presencia de grasa nociva en las arterias y otros órganos vitales. Una de las ventajas de los suplementos de lecitina es que, al tratarse de una fórmula granulada (también hay cápsulas de gelatina blanda), puede mezclarse con los zumos perfectamente.

Coenzimas

La coenzima más popular es la célebre «Q-10» o ubiquinona, que viene a ser una especie de «calefactor de la combustión celular».

Cada célula de nuestro cuerpo tiene una «caldera de combustión» llamada mitocondria que, con la ayuda de dicha coenzima Q-10 (sustancia similar a una vitamina liposoluble) es la responsable de generar la energía a partir de los alimentos que tomamos. Por eso, la coenzima Q-10 es de especial importancia para todos los que practican deporte o una vida muy activa.

El paso de los años, y el actual estilo de vida, tienden a agotar las reservas naturales del organismo de esta sustancia, así que vale la pena complementar nuestra dieta con un aporte extra de coenzima Q-10. Suele dar enseguida mucha energía, pero sus mejores efectos (en la juventud de la piel, en la prevención y mejora de afecciones cardíacas, en una gran sensación de bienestar...) no aparecen de inmediato. Los resultados serán mucho más apreciables cuanto mayores sean las deficiencias acumuladas.

Levaduras

La levadura de cerveza es uno de los suplementos dietéticos más clásicos. El excedente de levadura que se produce en la elaboración de cerveza es el que se separa, se lava y se limpia de impurezas (elementos del cereal y del lúpulo). Se prensa para reducir el contenido de agua y se calienta con cuidado para inhibir cualquier proceso de fermentación y para que las paredes de las células de la levadura, al abrirse, permitan actuar las sustancias del interior.

La primera levadura de cerveza en estado natural, apta para ser utilizada en dietética, se consiguió en 1930, pero su uso en medicina natural se remonta a 5000 años atrás.

La levadura de cerveza contiene microorganismos extremadamente activos, cuyo metabolismo les permite multiplicarse rápidamente. En ese proceso se generan casi todas las vitaminas y proteínas de origen vegetal, además de minerales y oligoelementos de alto valor biológico.

Es muy valiosa en su forma integral líquida, pero lo más asequible es obtenerla en seco, en forma de copos, de los que podemos tomar una cucharada o dos al día. Y, puesto que tiene un sabor amargo, resulta ideal tomarla con jugo de frutas o verduras. Recientemente se puede adquirir en las dietéticas levadura de remolacha, de características similares y mejor sabor.

La levadura de cerveza es muy rica en oligoelementos (glutation, cromo, selenio) y contiene más de treinta fermentos diferentes, necesarios para mantener la vida. Y resulta ideal para mejorar la salud de los nervios, para depurar el organismo y para regenerar la flora intestinal. Y además:

• Es un alimento óptimo para el hígado

• Previene trastornos cardiovasculares.

• Activa la insulina y reduce el nivel de azúcar en la sangre.

• Protege la piel, las uñas y el cabello.

• Es la mejor fuente, de origen natural, de complejo de vitaminas del grupo B.

En el capítulo de curas depurativas encontraréis la **cura de jugos y levadura**.

Germen de trigo

El germen de trigo es la parte nutritiva por excelencia del grano. Justo ahí es donde reside toda la fuerza vital, energética y proteica del valioso cereal. Posee un contenido del 35 % de proteínas de gran valor, con presencia de los 8 aminoácidos esenciales; un 48 % de los hidratos de carbono, bajo la forma de azúcares fácilmente asimilables, y un 12 % de grasas, entre ellos un fosfolípido como la lecitina, ya comentado, así como ácidos grasos no saturados (vitamina F, ácido linolénico). El germen del trigo es una fuente excelente de vitaminas como las vitaminas A, B (B$_5$, sobre todo), E (30 mg netos por cada 100 g) y minerales (zinc, hierro, clacio, fósforo, cobre, magnesio...).

Pues bien, la harina común no contiene germen de trigo. De forma inaudita, la industria lo elimina porque de esta forma es mucho más fácil asegurar una larga conservación sin problemas de sus harinas, ya de por si desvitalizadas. Sólo algunas pocas harinas, pasta y panes integrales lo contienen. La mayoría de pan integral que se elabora añadiendo salvado a la harina blanca carece igualmente del germen.

El germen de trigo se recomienda como suplemento dietético en caso de embarazo y lactancia, convalecencias, períodos de exámenes, de estrés y fatiga intelectual, depresión, prevención de arteriosclerosis, anemias... Se puede adquirir en forma de perlas y tal cual, envasado de forma que se puede conservar en el frigorífico. Ideal en el desayuno (una cucharada, junto a un buen jugo de fruta o verdura), o añadiéndolo a la ensalada. Sin embargo, la forma más saludable de tomarlo es junto con el grano de trigo germinado. El trigo **recién germinado** dobla su propia cantidad de calcio, fósforo, magnesio y contiene vitamina C. Además, multiplica por diez su cantidad de provitamina A y por dos su cantidad de vitamina B$_2$, B$_{12}$ y PP.

Semillas germinadas

Los brotes de semillas germinadas son uno de los mejores y más revolucionarios alimentos, sobre todo en los lugares de clima frío. Redescubiertos hace unos veinte años para el gran público, enriquecen con facilidad toda clase de ensaladas y son muy fáciles de añadir, con moderación (un puñadito), a muchos de nuestros jugos.

Los germinados son ideales en invierno, cuando las verduras y hortalizas escasean o bien nos llegan cultivadas entre química y plástico. Como decimos, se trata del más antiguo alimento *vivo* (hay referencias sobre germinados de soja en China, 3000 años a.C.) y resultan un auténtico manantial de clorofila, enzimas y vitaminas. Su obtención es sencillísima y económica (ver bibliografía) y sus sabores, adecuadamente dosificados y combinados, todo un mundo a conocer.

Los germinados son uno de los alimentos más ricos en vitaminas, minerales y oligoelementos que existen. Además, se trata de un alimento «predigerido», que los convierte en una combinación fácilmente asimilable. Y tanto su coste como su precio son mínimos; son una de las fuentes nutricionales más baratas que existen.

Esas humildes semillas son la máxima manifestación de lo vivo gracias a su fuerza de crecimiento. Contienen precisamente hormonas de crecimiento, además de proteínas de gran valor biológico y la acción de germinar los convierte en un auténtico milagro nutricional.

En cuanto entra en contacto con el agua, oxígeno y calor necesarios, la semilla duplica su volumen, rompe la cáscara de protección y comienza a desarrollarse. Se activan sus enzimas y se inicia un fantástico proceso en el que las sales minerales se multiplican, se sintetizan abundantes vitaminas y fermentos, las grasas se transforman, el almidón se convierte en maltosa y dextrina, osea azúcares más simples que exigen menos esfuerzo al aparato digestivo: la energía se libera con más facilidad y rapidez.

Recordad que una vez «cosechados» o comprados en la tienda no suelen aguantar más de una semana (lo ideal es consumirlos lo antes posible) De entre todos los que existen recomendamos los **germinados de alfalfa**: son muy amigos del más preciado líquido vital, nuestra propia sangre; y su sabor y características los convierte en el germinado comodín por excelencia. También, en cantidades prudentes, los de cebolla, soja, puerro o rabanito.

Sea en los jugos, o en la ensalada, o para coronar un buen plato de arroz, probadlos. Enseguida se aprende a dodosificar la cantidad más apetitosa para el paladar. Y vuestra salud lo agradecerá. Siempre.

Miel, jalea real y polen

Todos conocemos la miel, el endulzante natural por excelencia producido por las abejas en su tenaz labor viajera al mundo floral. Más del 50 % de sus componentes son monosacáridos o azúcares simples, altamente depurativos para nuestro aparato digestivo. Es estimulante del hígado y muy rica en calorías y fósforo, además de un antiséptico natural. En uso externo, la miel es asimismo un excelente cicatrizante para las heridas. En este libro no vamos a insistir

mucho sobre la miel, que es bien conocida. Sólo recordaremos brevemente las virtudes de otros nutrientes procedentes del panal: la jalea real y el polen y propóleo.

Como se sabe, en 28 días de laborioso trabajo, una abeja obrera ha gastado tantas fuerzas que muere. Del mismo huevo que procede una obrera puede salir una abeja reina; depende sólo del alimento que reciba. La **jalea real** es ese alimento, un jugo especial que las abejas obreras recogen para el huevo destinado a convertirse en abeja reina, una abeja mucho más grande y que puede vivir 60 veces más que las abejas obreras. Se trata de un jugo blanco, de consistencia cremosa, olor algo picante y sabor amargo y ácido. Pero que permitirá a la abeja elegida producir hasta 2000 huevos al día en una sola fecundación (entre 300 y 450.000 huevos al año), algo único en la naturaleza. No se sabe cómo pueden elaborar las abejas este compuesto milagroso, rico en proteínas y sustancias hormonales, aminoácidos, nitrógeno, vitaminas A, B, C, D y E, ácido decánico (un poderoso antimicrobiano), azúcares, minerales y oligoelementos (calcio, cobre, hierro, fósforo, potasio, sílice y azufre). Es fácil deducir su potencia vigorizante y rejuvenecedora, especialmente en caso de fatiga física o mental. En una acción sumamente compleja influye muy positivamente sobre las glándulas endocrinas (suprarrenales, sobre todo) y en la producción de hormonas sexuales, además de ayudar en un sinfín de trastornos y dolencias.

Cada día, cuando las abejas visitan las flores en busca del néctar para elaborar su miel, se da un segundo trabajo de recolección. Al libar la flor, la abeja humedece el gameto de las flores con sus secreciones hasta formar pequeñas bolitas que se acumulan en sus patas traseras. Esas bolitas procedentes del polvo de las inflorescencias son los gránulos de **polen** de la planta que usualmente podemos encontrar en dietéticas. Se calcula que cada día una abeja recolecta el néctar de un mínimo de 1.500 flores para hacer la miel y su polen.

Un polen que es la esencia de la vida e inicialmente destinado a fines de reproducción, alimentación y abastecimiento de las glándulas productoras de jalea real, fermentos y cera. Es evidente que si entre 3050 kg de polen al año facilitan el nacimiento y crecimiento de unas 150.000 abejas, también puede tratarse de algo buen para el ser humano. A igual peso, los aminoácidos del polen son 6-7 veces superiores a los de los huevo y el queso. Es igualmente rico en las vitaminas y minerales ya descritos para la jalea real y entre otras virtudes: regula las funciones intestinales y hepáticas, devuelve el ape-

Algas. Espirulina

Recomendamos incluir las algas en la dieta habitual. Si se hace con moderación, poco a poco nos iremos acostumbrando a su peculiar sabor y el organismo aprovechará sus riquísimas propiedades. Agar-agar y carragenato, dulse, kombu (también conocida como kelp), nori, wakame... Encontraréis la más completa información sobre algas en el libro *Algas, las verduras del mar*, al igual que sobre un pariente marino, el cochayuyo «la legumbre del mar» (ver bibliografía).

Aquí nos ocuparemos exclusivamente de la **espirulina** *(espirulina platensis)*, tan apreciada hoy en día como vigorizante y antianémico, contra el colesterol nocivo y en las dietas de adelgazamiento.

En 1967, el botánico Jean Léonard, recorriendo los mercados indígenas del Chad, se fijó en una sustancia de color verde azulado en forma de galleta seca. Desde tiempo inmemorial las mujeres kanembus han recogido esa alga en forma de caldo, que desecan y consumen en forma de tortas. Léonard hizo analizar este compuesto y lo identificó como espirulina.

Hasta entonces el rico potencial de las algas se desconocía en Europa, pero no para un antiguo pueblo americano: los aztecas. En aguas

tito, revitaliza el organismo (ideal en caso de anemia). También ayuda a combatir trastornos psicológicos, depresiones leves y estrés.

El polen ayuda también en caso de astenia sexual, tanto masculina (casos de impotencia de origen prostático) como femenina (favorece el ciclo menstrual y reduce los inconvenientes de la menopausia.

Y una paradoja: el polen, que produce tantas alergias, ayuda a protegernos de ellas (asma, rinitis, fiebre del heno, bronquitis, migrañas alérgicas...) si lo tomamos por vía interna.

Finalmente, el marronoso **propóleo** es uno de los mayores antibióticos naturales que existen.

del lago Texcoco (México) se descubrió fortuitamente esta alga que remotamente se recogía y preparaba de forma similar. Hoy en día se sabe que los lagos del centro y este de África, así como a lo largo del valle del Rift y en Kenia y Etiopía, son las zonas más ricas en espirulina (crece allí de forma natural). Hoy en día se cultiva en todos los contienentes (es muy rica la de los mares alrededor de Hawai, por ejemplo); en China (en el agua de mar y en circuitos integrados autónomos), en Japón... Puesto que, a partir de un estudio de los años ochenta se llegó a la conclusión de que puede convertirse en uno de los alimentos del siglo XXI.

Hoy en día se puede encontrar sobre todo en polvo y existen recetas para integrarla en la cocina (sopas, ensaladas, etc.)

La espirulina posee numerosas sustancias vitales: betacaroteno (15 veces más que las zanahorias), hierro, ácido gamma-linolénico, manganeso, cobre, etc. Es tres veces más rica en vitamina E que el germen de trigo y con tanto contenido en calcio, fósforo y magnesio como la leche. Es el alga que redondea las necesidades de vitamina B12 de los vegetarianos (con 10 g cubre el 53 % de la dosis diaria recomendada).

Además posee un 70 % de proteínas de alta calidad muy equilibradas y fácilmente asimilables. Y un 5 % de grasas insaturadas, esenciales para el organismo y que también se encuentran en los frutos secos y algunos aceites vegetales. Su riqueza en minerales produce un beneficioso efecto alcalinizante en la sangre.

Su sabor, aunque ligero, es muy penetrante, (hay a quien le recuerda vagamente ciertos detalles del sabor de los berberechos). No olvidemos que se trata de un alimento nuevo, hasta ahora ajeno a nuestra tradición alimentaria. Por eso es normal tomarla en cápsulas.

En sopas y potajes se puede añadir una cucharadita de espirulina por persona, al final de la cocción. También puede añadirse a una salsa o una mousse.

Suplementos en la vida diaria

¿Verdaderamente se necesitan tantos suplementos? Por supuesto que no; lo ideal es que cada persona conozca los más importantes y pueda elegir y disfrutar de sus beneficios. No podemos resistir la tentación de contaros la relación de todo lo que el escritor Sánchez Dragó afirma tomar «todas las mañanas, después de la ducha y antes del desayuno»:

4 cápsulas de polvo de caparazón de cangrejo («Young vital»); un yogur; 1 cucharada de polen; 1 cucharada de lecitina de soja; 1 dosis de

ginseng rojo; 150 mg de *tromalyt* (ácido acetil salicílico de liberación sostenida); un pellizco de jalea real fresca; 1 cápsula de vitaminas y oligoelementos reforzada con antioxidantes; 5 comprimidos de espirulina; 6 perlas de aceite de onagra; 6 perlas de aceite de pescado azul; 2 dientes de ajo; 1 cucharada de sirope de arce; 1 pastilla de selenio; 1 cápsula de coenzima Q-10; 3 cápsulas de «uña de gato» *(Uncaria tormentosa);* 3 cápsulas de ginkgo biloba; 20 gotas de *serumdal* en el dorso de la mano (absorción cutánea; se obtiene a partir de las crisálidas del gusano de seda); 1 cucharadita de yoki-reishi *(ganoderma lucidum),* que contiene germanio.

Y finalmente, 3 gramos de vitamina C y 1 g de vitamina E. El escritor cita también la equinácea (que veremos unas páginas más adelante). Como decimos, se trata de algo... ¡muy personal! Con toda esa relación podríamos llegar a preguntarnos si es necesario comer tres veces al día.. Pero de todas formas, vale la pena resaltar la importancia de tales suplementos a partir de una edad determinada junto a otros. Una persona de veinte años los necesitará mucho menos, y en menor cantidad. La misma consideración vale en caso de sobreesfuerzo (intelectual, fisico o sexual, etc.). A menudo pueden resumirse en no más de 3-5 suplementos.

Suplementos de plantas medicinales

Abedul *(Betula verrucosa)*

Sus flavonoides ejercen una acción muy positiva en afecciones urinarias. Con fines terapéuticos se utilizan las hojas, la savia y la corteza. Tiene efectos diuréticos: es una de las plantas más eficaces para eliminar líquidos. También ayuda a estimular la producción de bilis. Si deseamos perder unos kilos, el abedul puede ser muy efectivo. Podemos tomar jugo de pomelo y seguir un tratamiento con abedul, mejor bajo la supervisión de un especialista.

Abeto *(Abies alba)*

Sus brotes tienen propiedades balsámicas, antitusígenas y expectorantes; basta con diluir una cucharada, o una cucharadita de jarabe de abeto (se encuentra con facilidad en las herboristerías) en jugo de pera y añadir una cucharadita de miel. Este jugo va bien en caso de afecciones respiratorias, especialmente contra la tos que procede de los resfriados.

Ajo *(Allium sativum)*

Es una de las plantas más beneficiosas para la salud. El ajo tiene propiedades antisépticas y ya era utilizado en la Antigüedad para combatir nuchas enfermedades, incluso tan devastadoras como la peste y el cólera.

Se le reconocen efectos antibacterianos, antiparasitarios, antifúngicos y antivíricos: el ajo es uno de los mejores remedios para el resfriado y la gripe. Se emplea con éxito en caso de hipoglucemia y colesterol alto. Tiene cualidades vasodilatadoras que favorecen el buen funcionamiento cardiovascular. Además, el ajo desarrolla una acción antibacteriana en los intestinos ayudando en la digestión, en problemas intestinales y aliviando la flatulencia.

Si añadimos el jugo de un solo diente de ajo en cualquier preparación de jugos con verduras evitaremos riesgos cardiovasculares, reduciremos el nivel de colesterol y ayudaremos a regular la tensión sanguínea.

Algunas personas pueden notar una ligera irritación en el aparato digestivo, pero esto sólo sucede si se toman grandes cantidades de ajo fresco con regularidad. Si lo preferimos, podemos optar por los extractos oleosos que vienen envasados en cápsulas de gelatina vegetal (lo que se conoce como ajo puro en perlas) y que pueden acompañar nuestro jugo preferido. De esta forma se evita el mal aliento que produce.

Albahaca *(Ocinum basilicum)*
La albahaca resulta deliciosa con jugo de tomate, un chorrito de limón y una pizca de sal. Un poco de albahaca fresca picada beneficiará

nuestra salud. Esta especia, además de ser muy aromática, actúa principalmente en el aparato digestivo y en el sistema nervioso. Se le reconocen propiedades antibacterianas y antihelmínticas (destruye los parásitos intestinales).

Tan sólo un poquito de albahaca molida es suficiente para evitar riesgo de indigestiones, cólicos intestinales, flatulencias y calambres estomacales.

Alfalfa *(Medicago sativa)*
La alfalfa contiene gran cantidad de nutrientes como proteínas, carotenoides, vitaminas B, C y E, y calcio, hierro y potasio.

Es de gran ayuda para regular el nivel de colesterol y para permitir la coagulación efectiva de la sangre.

Áloe Vera *(Aloe barbadensis)*

Suele utilizarse como laxante natural y como limpiador y reparador intestinal. En uso externo, es una de los mejores aliados de la piel, por graves que sean las quemaduras, heridas o dolencias cutáneas. Por sus reconocidos beneficios para la salud es uno de los suplementos dietéticos más comunes hoy en día y lo encontraréis sin dificultad en cualquier herboristería. Más información sobre el áloe en la pág 34.

Boldo *(Peumus boldus)*

Las hojas de esta planta poseen una acción digestiva y diurética, además de que favorecen la eliminación de bilis. Se puede licuar una cucharadita de hojas de boldo en el jugo de verduras, tres veces al día para mejorar la digestión. Se trata de un arbusto perenne cuyas hojas se recolectan durante todo el año.

Cardo Mariano *(Silybum marianum)*

Planta herbácea coronada por una flor púrpura espinosa cuyas semillas contienen potentes efectos farmacológicos para el hígado. Resulta muy indicado para combatir problemas dispépticos y para el tratamiento complementario de las hepatitis víricas crónicas y de la cirrosis. Protege el hígado (previene su destrucción y estimula la regeneración de las células dañadas) y es antioxidante. Aumenta la secreción y el flujo de la bilis y previene la formación de cálculos biliares.

El cardo mariano ofrece buenos resultados en las células dañadas por el alcohol y contribuye a reconstruirlas, devolviéndolas a un nivel saludable de funcionamiento. Los componentes activos del cardo mariano son un complejo de bioflavonoides antioxidantes llamados **silimarina**, que impiden que se dañen las células sanas del hígado y lo estimulan para que regenere aquellas que están dañadas. La silimarina impide el paso a las toxinas para que no penetren en las membranas celulares grasas y en el interior de la célula y neutraliza las sustancias tóxicas que, a pesar de todo, logran entrar. Se observan los primeros resultados tras dos semanas seguidas de tratamiento. Puede adquirirse en forma de jarabe, que podemos mezclar en el jugo sin ningún tipo de problema. La sangre lo absorbe con rapidez. No tiene efectos secundarios serios, sólo provoca ligeras molestias estomacales en según qué casos y efectos laxantes en los primeros días de tratamiento.

Castaño de Indias *(Aesculus hippocastanum)*
Se le reconocen propiedades antiinflamatorias y antiedematosas gracias al control que ejerce en la permeabilidad de los vasos sanguíneos. También protege las venas y refuerza los capilares y es muy beneficiosa si se padecen problemas de pies fríos, piernas cansadas y mala circulación. El castaño de Indias que se comercializa como preparado biológico de extractos vegetales en forma de gotas, actúa asimismo como un poderoso antihemorroidal y antivaricoso. Se diluyen unas 20 gotas en el jugo y se toma de forma prolongada durante unos dos meses y sin interrupción. Transcurrido ese tiempo notaremos sin duda sus efectos.

Cayena *(Capsicum frutescens)*
Mejora la circulación, tiene propiedades anticoagulantes y estimulantes de la digestión y destruye con efectividad muchos tipos de bacterias dañinas. Induce a la sudoración. Es uno de los mejores remedios para tratar el resfriado común, las irritaciones de garganta y las infecciones respiratorias en general. Se está investigando un posible efecto adelgazante.

Cola de Caballo *(Equisetum arvense)*
La cola de caballo es una planta herbácea que posee abundantes sales silícicas, por lo que es muy valiosa para fortalecer el pelo, la piel, las uñas, los huesos y los vasos sanguíneos. Además, es remineralizante, antihemorrágica y diurética y estimula la función renal. Está indicada en casos de afecciones de riñón y de vejiga y para evitar la cistitis y la gota. También se recomienda en caso de obesidad, hipertensión, caída de cabello o acumulación de líquidos. Si se tienen deseos constantes de orinar o se sufre

digestiva (combate la falta de apetito) y hepática, nos previene de los cálculos biliares y ayuda a metabolizar las grasas. Resulta eficaz para evitar la flatulencia. Es un suplemento imprescindible en una cura depurativa primaveral. Podemos licuar una cucharadita de esta hierba y tomarla mezclada con jugo dos veces al día o combinar las infusiones de la planta con los jugos si hacemos una cura depurativa.

sensación de escozor, la cola de caballo puede ayudar a combatir estos problemas, puesto que además tiene efectos diuréticos. Sólo serán necesarias de 10 a 15 gotas diluidas en un buen vaso de jugo. Si se prefiere, pueden licuarse unos 20 g de planta seca mezclada en el jugo.

Diente de León *(Taraxacum officinalis)*
Planta herbácea perenne con flores de color amarillo dorado que puede ayudarnos a aliviar las molestias del hígado y de la vesícula biliar. También se le reconocen propiedades diuréticas y laxantes tanto a las hojas como a la raíz, por lo que es recomendable si se tienen problemas de retención de líquidos.

El diente de león es una de las hierbas más ricas en potasio, estimula la actividad biliar,

Enebro *(Juniperus communis)*
El enebro está indicado para personas que sufren de gota y reumatismo como un remedio suave debido a sus propiedades antiinflamatorias, así como de afecciones en el riñón. La parte de la planta que se utiliza son las bayas. Es muy diurético y ayuda a la eliminación pro-

gresiva del ácido úrico. También es antiséptico y puede aliviar las molestias debidas a infecciones del tracto urinario, por ejemplo, la cistitis.

A la pulpa de las frutas que utilicemos para preparar los jugos podemos añadirle un poco de jalea de enebro, que podemos encontrar con facilidad en el mercado como confitura clásica. Esta jalea se fabrica a base de bayas de enebro maduradas al sol y tiene un sabor muy agradable. También podemos sustituir el azúcar de caña o la miel en los jugos por una cucharadita de esta jalea. Está comprobado que estimula el apetito en los niños.

Equinácea *(Echinacea purpurea)*
Esta planta, utilizada por los indios norteamericanos para aliviar los efectos de las picaduras

de serpiente, se sigue empleando en la actualidad por sus grandes beneficios y es un extraordinario remedio natural. Se cree que incrementa la resistencia del organismo y estimula sus mecanismos de defensa en casos de inflamaciones e infecciones (es un potente estimulante inmunológico).

La equinácea está muy indicada para combatir las infecciones de las vías respiratorias y urinarias, así como en el tratamiento y desinfección de heridas superficiales o profundas. Puede tomarse para prevenir o acelerar la recuperación en casos de resfriados, gripe, virus e infecciones genéricas.

La equinácea incrementa la producción y la actividad de los glóbulos blancos y de interferón (una sustancia natural que se encuentra en

el organismo, esencial para su sistema de defensa general y que activa los linfocitos). También aumenta la formación de anticuerpos y reduce la proliferación de ciertos organismos dañinos. La equinácea protege de las infecciones activando sobre todo las funciones inmunitarias y atacando los virus, pues algunos de sus componentes activos potencian la actividad del sistema inmunitario (estimula la médula ósea y el tejido linfático para producir mayor cantidad de glóbulos blancos, que son los que combaten las infecciones). También se cree que estimula el apetito y mejora la digestión.

Para beneficiarnos de sus poderosos resultados podemos diluir unas 20 gotas de preparado biológico de extracto vegetal de equinácea en nuestro jugo favorito todas las mañanas o tomarla en comprimidos (personalmente, una vez que me acostumbré a su sabor, me encanta en su forma líquida).

Espino Albar *(Crataegus monogyna)*

Esta planta medicinal desarrolla una acción cardiotónica debido a los heteróxidos de flavonol y las catequinas que posee. Son reconocidas sus propiedades para mejorar la circulación sanguínea, regularizar la tensión arterial y evitar trastornos del ritmo cardíaco. Se recomienda tomar unas 30 gotas de espino albar diluidas

en el jugo en caso de problemas cardíacos de origen nervioso que se manifiestan por fuertes palpitaciones y sensación de opresión en la zona del corazón.

Genciana *(Gentiana lutea)*

Esta planta estimula el apetito, pero tiene un sabor amargo. Sólo se utiliza la raíz y está indicada en casos de inapetencia, digestiones lentas y en procesos de convalescencia.

Ginkgo biloba *(Ginkgo biloba)*

Se trata de un árbol procedente de China y Japón que tiene una antigüedad de unos doscientos cincuenta millones de años. En la actualidad es una de las plantas más utilizadas para estimular la actividad del cerebro y el flujo san-

guíneo. El ginkgo biloba se extrae de las hojas del árbol del ginkgo, una especie que crece en climas templados. Su hoja fresca contiene flavonoides muy activos que ejercen una actividad antioxidante, lo que significa que protege a las células de la oxidación.

El ginkgo actúa como vasodilatador a nivel cerebral y periférico y es muy eficaz para combatir problemas de irrigación sanguínea como varices y hemorroides, así como enfermedades del sistema vascular, falta de memoria y de concentración. Se le han atribuido tales beneficios principalmente por su capacidad para mejorar la circulación sanguínea y el metabolismo energético en el cerebro. Se cree que ayuda a eliminar las adherencias en las plaquetas y que hace disminuir la formación de coágulos.

Está muy indicado en personas mayores que sufren de pérdida de memoria disfunciones mentales. Basta añadir unas 20 o 30 gotas de preparado biológico de extracto vegetal de ginkgo viloba en nuestro jugo matinal o bien tomar una cápsula antes de las comidas. El tratamiento debe seguirse durante unos tres a seis meses para que dé resultado; si bien, los efectos de esta sustancia en el cerebro son instantáneos y comienzan a notarse transcurrida apenas una hora, puesto que estimula la actividad de las ondas cerebrales.

Los únicos efectos secundarios que pueden presentarse son ligeros trastornos gástricos o dolores de cabeza y leves reacciones alérgicas. En dosis altas puede producir mareos. Las personas que sigan un tratamiento con medicamentos anticoagulantes deben abstenerse de tomar ginkgo, puesto que éste aumenta el flujo sanguíneo y podrían tener una hemorragia (es necesaria por supuesto la supervisión médica).

Ginseng (*Panax ginseng*)

Esta planta es originaria de China y Corea, donde se utiliza desde hace miles de años. La medicina natural utiliza únicamente la raíz del ginseng para fines terapéuticos. El ginseng goza de una enorme reputación como tónico y elixir de la longevidad y es rico en vitamina B y C, así

como en aceites esenciales y aminoácidos. Está especialmente indicado para personas sujetas a grandes esfuerzos físicos e intelectuales (aumenta la tolerancia del cuerpo hacia el estrés y fortalece el sistema nervioso central) y para los estados de fatiga y depresión, disminución de la capacidad de concentración, el cansancio producido por los cambios de estación o en períodos de convalecencia. Aunque se usa para combatir la fatiga, también se ha demostrado que tiene efectos calmantes, tranquilizantes y relajantes. Podemos encontrarlo sin dificultad en forma de grageas.

Hinojo *(Foeniculum vulgare)*
El hinojo, una planta muy vivaz que se localiza en los bordes de los caminos, posee propiedades antifúngicas, antibacterianas y antiinflamatorias. La semilla de hinojo actúa como un tónico digestivo muy versátil y reduce los espasmos y los calambres intestinales. También ayuda a expulsar los gases del tracto intestinal, favorece la digestión y es muy recomendable durante la lactancia. Tiene un agradable sabor anisado.

Hipérico *(Hypericum perforatum)*
El hipérico también se conoce como corazoncillo o hierba de san Juan y la gran popularidad actual de este extracto de planta se debe a sus buenos resultados como suplemento dietético. Se trata de una planta silvestre común con flores amarillas y unas manchitas negras.

Contiene hipericina (un pigmento rojo que se obtiene al frotar la planta). Es debido precisamente a ese principio químico activo, por lo que resulta muy eficaz como antidepresivo y ansiolítico. Se ha comprobado que puede resultar muy efectivo para tratar depresiones leves a moderadas. También posee propiedades antivíricas y antibacterianas. Podemos tomarlo si sufrimos alteraciones del humor o si notamos algún síntoma de abatimiento, irritabilidad, problemas para conciliar el sueño, tendencia a la angustia e inestabilidad y miedos.

Las propiedades beneficiosas de esta hierba se deben también a la actividad inhibitoria de la

monoaminooxidasa (MAO), que hace inhibir las crisis nerviosas aumentando los niveles químicos del cerebro. El hipérico mejora el estado de ánimo, el miedo emocional, los síntomas psicosomáticos (aquí se incluirían trastornos como las migrañas o dolores de cabeza, dolencias cardíacas y cansancio general) y el trastorno afectivo estacional que viene provocado por la carencia de luz solar.

En el mercado se ofrecen preparados a base de gotas de extractos vegetales o bien comprimidos con dosis estandarizadas. Para que el tratamiento resulte eficaz deberemos diluir unas 30 gotas en un vaso de jugo antes de acostarnos y beberlo a pequeños sorbos. Si se prefieren las píldoras, deberemos tomar una cápsula tres

veces al día. Se aconseja tomar hipérico durante unas cuatro o cinco semanas seguidas para empezar a notar los resultados, pero conviene consultar con un profesional antes de seguir cualquier tratamiento.

El hipérico no presenta ninguna contraindicación, pero algunas personas de piel muy blanca deben evitar exponerse al sol durante el tratamiento, ya que puede producir una reacción epidérmica fotosensible tóxica y también debe evitarse durante el embarazo y la lactancia.

Jengibre (*Zingiber officinale*)

El jengibre es uno de los mejores estimulantes circulatorios y digestivos que se conocen. Además, está comprobado que durante el embarazo ayuda a reducir las náuseas y los

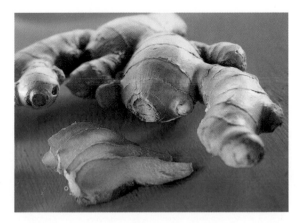

vómitos. También alivia las indigestiones y tiene propiedades antiinflamatorias por lo que se recomienda a quienes padecen artritis. Se trata, además, de uno de los mejores remedios naturales contra los mareos causados por medios de transporte. Se ha demostrado, asimismo, que tiene efectos anticoagulantes (no se recomienda a las personas que tengan problemas de hemorragias o que estén siguiendo un tratamiento con anticoagulantes).

La parte de la planta que se aprovecha con fines terapéuticos es la raíz y, más concretamente, el rizoma, que es el tallo subterráneo y que actúa en el tracto digestivo. No tiene efectos secundarios, pero en algunas personas puede provocar un aumento de la presión arterial y también está contraindicado para quienes padecen cálculos biliares. Se puede probar a espolvorear en el jugo o en las ensaladas una cucharada de raíz fresca de jengibre.

Melisa (*Melissa officinalis*)

La melisa, que también se conoce con el nombre de toronjil, es una planta herbácea que posee propiedades antiespasmódicas, ansiolíticas y sedantes (es un ligero somnífero completamente natural). Resulta muy eficaz para combatir la inapetencia y las náuseas que se producen durante el embarazo. También actúa sobre el sistema nervioso central y periférico y tiene efectos calmantes (alivia los trastornos digestivos de origen nervioso). Sus hojas picadas resultan deliciosas añadidas a una macedonia de frutas. Si lo preferimos podemos licuar una cucharadita de melisa y con nuestro jugo preferido.

Menta (*Mentha piperita*)

Son muy reconocidas sus propiedades aromatizantes, antisépticas y analgésicas. Despierta el apetito y disminuye los gases. La menta destaca por el fuerte aroma a mentol que desprenden sus hojas. Favorece la digestión y estimula la producción de bilis. Se recomienda en caso de espasmos gastrointestinales o de molestias digestivas. Resulta deliciosa con jugo de limón, aunque cualquier fruta admite su sabor.

Milenrama *(Achillea millefolium)*

Aunque su sabor es bastante amargo, es muy aromática y tiene propiedades estomacales, cicatrizantes, antiespasmódicas y coleréticas. Se trata de una de las plantas más utilizadas por la medicina natural. Alivia el síndrome premenstrual y las hemorroides, y favorece la eliminación de líquidos.

No tiene ningún efecto secundario, pero se recomienda no tomarla en dosis muy altas durante el embarazo o la lactancia. Una cucharadita de postre es más que suficiente para notar sus resultados positivos.

Mirtilo *(Vaccinium myrtillus)*

El extracto de mirtilo se usa para mejorar la circulación y la salud de los vasos sanguíneos de todo el cuerpo. Los flavonoides del mirtilo fortalecen el tejido ocular, mejoran la circulación ocular e incrementan el oxígeno y los niveles energéticos del ojo.

Orégano *(Origanum vulgare)*

Es muy popular y efectivo para combatir la tos seca y pectoral debido a su potente acción antiespasmódica y expectorante. También se utiliza para la bronquitis y el asma. El orégano posee propiedades antifúngicas y antibacterianas y es muy efectiva en el tratamiento de infec-

ciones de hongos o bacterias. Favorece la digestión y ayuda a expulsar gases. También es muy útil en caso de menstruación dolorosa.

Ortiga *(Urtica dioica)*

Es una planta muy apreciada por la medicina natural, con un contenido muy elevado de oligoelementos y clorofila por lo que estimula la formación de glóbulos rojos y refuerza el organismo. Al ser muy rica en silicio es especialmente útil como complemento para la salud del pelo, la piel y las uñas. Se ha demostrado que la ortiga posee efectos antiinflamatorios, diuréticos y antialérgicos. Por eso es un remedio tan popular para la artritis, retención de líquidos y gota (la ortiga tiene un sinfín de aplicaciones). Puede licuarse una cucharada sopera en jugo.

Pasiflora *(Passiflora incarnata)*

Posee efectos sedantes y relajantes y se emplea para combatir el insomnio, la hipertensión y las distonías neurovegetativas. Podemos licuar unas hierbas de pasiflora en el jugo (una cucharadita de postre es más que suficiente, dos veces al día) o bien acudir a las perlas de gelatina vegetal que encontraremos en las tiendas de productos naturales. Su acción es eficaz para combatir los problemas de aterosclerosis, debilidad y decaimiento general, pérdida de memoria, vértigo, hipertensión, falta de concentración y disminución de la capacidad de trabajo.

Regaliz *(Glycyrrhiza glabra)*

La raíz de regaliz, que pertenece a la familia de las leguminosas, tiene efectos antivíricos y antibacterianos, por lo que resulta muy adecuada para combatir gripes y resfriados, tos, infecciones respiratorias y también las úlceras gástricas. Se utiliza con fines medicinales desde la Edad Media. El regaliz reduce la inflamación y puede disminuir los síntomas de algunas reacciones alérgicas. Suele utilizarse como equilibrador hormonal para los síntomas de la menopausia y del síndrome premenstrual y también se ha comprobado que alivia la fatiga crónica, pero siempre administrado con precaución.

Para su utilización, se trituran las raíces, se pulverizan y se convierten en extractos negros que contienen un alto porcentaje de ácido glicirrisínico. Éste bloquea la actividad de un enzima que normalmente descompone y destruye las hormonas naturales del organismo, el cortisol. Pero el regaliz también es un corticoesteroide (presente en las hormonas que secretan las glándulas suprarrenales) y que tienen propiedades similares a la cortisona.

El regaliz se comercializa en polvo o en extracto líquido. No debe tomarse en dosis demasiado altas, pues provoca efectos secundarios como hipertensión, dolores de cabeza y retención de líquido. La dosis media es de 5 a 15 gramos de raíz durante un máximo de seis semanas. Puede

Té Verde *(Camellia sinesis)*
Las propiedades del té verde están asociadas a la protección celular, especialmente en el tracto gastrointestinal, el estómago, el intestino delgado, el páncreas, el colon y los pulmones. Resulta un antioxidante muy potente y también es eficaz en los programas de control de peso debido a sus propiedades termogénicas. No presenta ninguna contraindicación, sin embargo, tomado por la noche puede producir insomnio en ciertas personas y su uso deberá restringirse si se tiene la tensión alta.

Tomillo *(Thymus vulgaris)*
Se trata de una de las plantas más sanas y beneficiosas, con un alto poder antibacteriano y que resulta muy eficaz para combatir la tos espasmolítica, como la tos ferina y los catarros bronquiales. También tiene un efecto antiséptico en las vías respiratorias. Está demostrado que el tomillo estimula el apetito y favorece la digestión y la producción biliar. Es un suplemento insustituible para las digestiones lentas y pesadas. Como tiene un aroma muy fuerte, hay que utilizarlo con moderación.

Valeriana *(Valeriana officinalis)*
La valeriana está considerada como un calmante natural. Contiene ácido valerénico y valera-

tomarse con jugo mezclado con un poco de leche desnatada. Deben abstenerse de tomar regaliz las personas diabéticas, las embarazadas y quienes sufran de hipertensión.

Saúco *(Sambucus nigra)*
La parte que se aprovecha con fines terapéuticos es la baya, ya que resulta una bebida refrescante que aumenta la resistencia y mejora la salud. Asimismo, se ha demostrado que el extracto de la baya del saúco reduce la duración y la severidad de los síntomas de la gripe. El saúco favorece la sudoración y la eliminación de la orina y está muy indicada si se padece estreñimiento o se tienen piedras en el riñón.

203

nona que tienen un papel fundamental en el sistema nervioso. La valeriana es muy efectiva para combatir los problemas de sueño y el insomnio, ya que actúa como relajante nervioso y como sedante. Se recomienda en casos de agitación, irritabilidad, tensión nerviosa y para tranquilizar la actividad cerebral. Además, disminuye la ansiedad e induce a un sueño reparador. La valeriana también es un antiespasmódico y puede ser muy valiosa en caso de espasmos intestinales producidos por el síndrome de colon irritable.

Para los fines terapéuticos se utiliza la raíz de esta planta. Podemos diluir unas 20 gotas de preparado biológico de planta fresca de valeriana en nuestro jugo preferido añadiendo una cucharadita de miel para endulzarlo. Este jugo debemos tomarlo antes de acostarnos. Ocasionalmente puede presentarse como efecto secundario un cierto malestar de estómago y en grandes dosis provoca ansiedad, dolor de cabeza y náuseas. En algunas personas, presenta el efecto contrario y las excita en lugar de calmarlas. Está contraindicada durante el embarazo y la lactancia.

Vara de oro *(Solidago virga-aurea)*
La vara de oro es muy conocida por sus propiedades astringentes y diuréticas (resulta ideal en personas obesas, para la eliminación de líquidos). También se le atribuyen propiedades venotónicas y vasoprotectoras y puede ser muy efectiva cuando se presentan problemas de diarrea. Se recomienda para todas aquellas personas que sufran el problema de piedras en el riñón, cistitis, hemorroides y gota.

Zarzaparrilla *(Smilax aspera)*
La zarzaparrilla es una planta leñosa que suele usarse para combatir ciertas enfermedades de la piel como el acné, los eczemas y la psoriasis (disminuye los picores y la inflamación) y como limpiador/desintoxicante de la sangre ya que es muy depurativa. La zarzaparrilla ayuda a eliminar el ácido úrico. También es muy beneficiosa para el tratamiento del reumatismo (tiene efectos antiinflamatorios); es muy diurética (incrementa la eliminación de orina), se adhiere con facilidad a las toxinas y hace aumentar la sudoración.

Enzimas, los estimulantes naturales

LOS ENZIMAS SON ESENCIALES PARA LA VIDA
Y LOS NECESITAMOS PARA RESTITUIR Y MEJORAR NUESTRA SALUD

Los enzimas son sustancias que se producen, de forma natural, en todos los organismos vivos, incluyendo el cuerpo humano. Se conocen más de 3000 enzimas diferentes, que proporcionan la energía que necesitamos La presencia de enzimas en nuestro organismo, en la cantidad adecuada, puede prevenir e incluso curar muchas enfermedades de todo tipo, incluso degenerativas o graves.

Desde hace unos años se están desarrollando terapias con enzimas, que ya no sólo se usan como favorecedores de las buenas digestiones o para reactivar el proceso digestivo y el metabolismo en general. Su avance está muy relacionado con las investigaciones relacionadas con el sistema inmunitario, que depende estrechamente de un óptimo suministro enzimático.

En general, los enzimas también tienen mucho que ver con la mítica «Fuente de la juventud» si se equilibran con una alimentación y ejercicio adecuados. Pero además se está estudiando su relación con la pérdida de peso, con trastornos crónicos y con enfermedades autoinmunitarias, así como sus efectos ante los virus, en casos de cáncer y también en todo tipo de trastornos circulatorios, sobre todo cardiovasculares.

Os hemos resumido algo de la importancia de los enzimas por dos motivos. El primero, la importancia de saborear y ensalivar bien vuestros jugos para una mejor asimilación. El segundo, porque la terapia con enzimas significará, en un futuro próximo, un nuevo paso en el campo de la salud y medicina natural.

Los lectores que deseen saber más sobre esas sustancias esenciales pueden consultar *Enzimas, los estimulantes de la naturaleza*, de próxima edición en español (ver bibliografía).

¿Necesitamos enzimas?

Todos los procesos vitales constan de una compleja serie de reacciones químicas conocidas como metabolismo. Los enzimas son el «catalizador»: inician una reacción química y hacen posible ese metabolismo. Su efectividad está en gran parte influenciada por el entorno. Factores como la concentración de acidez, la alcalinidad, los inhibidores y el sustrato les afectan. Además son muy específicos: cada enzima estimula un sólo tipo de reacción química.

Nada puede ocurrir en el cuerpo sin energía y ésta no puede utilizarse ni producirse sin enzimas. La existencia de cada célula viva depende

de reacciones químicas que necesitan de una constante aportación de energía y enzimas. Las células obtienen energía de las proteínas, de los hidratos de carbono y de las grasas que ingerimos, pero lo hacen con la ayuda de los enzimas.

El cuerpo necesita enzimas no sólo para digerir y absorber lo que come, sino también, por ejemplo, para regular el sistema nervioso.

¿De dónde se obtienen?

Tradicionalmente, la comida ha sido la fuente principal de enzimas. Pero dado que el calor de la cocción, la radiación en los alimentos, el tiempo de almacenaje, su procesamiento, congelación, deshidratación y los aditivos suelen destruirlos, el nivel de enzimas en los alimentos es mucho menor. La respuesta la tenemos en la fruta fresca y la verdura cruda (muy ricas en enzimas activos) si son orgánicas, es decir, si son de cultivo ecológico.

Con todo, conviene insistir en que los suplementos siempre son y serán eso: un excelente complemento a la alimentación de cada día.

Reactivar la digestión

Cuando en la boca comenzamos a segregar saliva, poco antes de comer, se inicia el complejo proceso de la digestión. Al pasar por el tracto gastrointestinal, el alimento se desmenuza en partes más pequeñas. Las sustancias nutrientes extraídas se absorben, y los productos de deshecho se eliminan. Los enzimas hacen que el sistema digestivo funcione y están presentes en todas las fases de este proceso.

Como se sabe, los alimentos que consumimos contienen proteínas, grasas e hidratos de carbono, pero para convertirlos en materiales que el organismo pueda usar, necesitamos tres grupos de enzimas que los digieran: proteasas, lipasas y amilasas.

Las **proteasas** descomponen la proteína, que está formada por unos veinte aminoácidos comunes. Cada proteasa actúa sobre un tipo de aminoácido. Las **lipasas** desdoblan las grasas y los aceites (lípidos), los fosfolípidos (lecitina) y los esteroles (colesterol). Y las **amilasas** desdoblan los hidratos de carbono y azúcares más importantes (sacarosa, lactasa y fructosa).

Masticar más

Recordemos siempre que masticar mejor es igual a más salud. Dado que la digestión empieza en la boca con los enzimas, debemos masticar muy bien los alimentos que ingerimos. Cuanto más mastiquemos, más tiempo tendrán los enzimas para actuar sobre la comida.

El masticado es decisivo para la digestión de los alimentos porque los enzimas actúan sólo sobre la superficie de las partículas de la comida. Al masticar, una mayor parte de la comida está expuesta a enzimas, lo que conlleva una mejor digestión. Además, dado que la mayoría de frutas y verduras crudas tienen celulosa (que proporciona fibra), hay que romperlas antes de que los nutrientes se liberen y la comida se haya digerido bien.

Cuando la comida entra en el estómago, los jugos gástricos (que contienen enzimas) la siguen digiriendo. La *pepsina* (una proteasa gástrica) digiere la proteína, que es tanto como decir una musculatura fuerte, una piel saludable, unos huesos resistentes...

Otros enzimas gástricos importantes son la *renina* (que extrae los minerales de la leche), los enzimas de *amilasa* (que actúan allí donde la amilasa salivar dejó de trabajar en los hidratos de carbono) y la *lipasa gástrica* (que divide las grasas para que puedan prevenir los virus y las alergias, y proteger el cuerpo). El movimiento del estómago libera continuamente los líquidos en el intestino delgado, mientras que los alimentos sólidos son reducidos a la consistencia de una pasta (el *quimo*).

Como se sabe, la mayor parte de la digestión y la absorción ocurre en el intestino delgado, a lo largo de unos 7 m de largo y 2,5 cm de diámetro. Finalmente, el intestino grueso acaba la trabajosa tarea de digerir, concentrando, almacenando y excretando los deshechos alimenticios. El colon contiene grandes cantidades de bacterias, las cuales producen enzimas que actúan sobre los residuos alimenticios restantes, sobre la fibra, las células y las mucosidades que ha desechado el tracto intestinal superior.

Por todo ello, resulta fácil deducir el papel decisivo de los enzimas en la absorción de los alimentos, desde que llegan al intestino hasta que pasan a la sangre, movilizando y transportando nutrientes.

El problema y la solución

Pero a veces, comer adecuadamente no basta. Pueden darse desde problemas de masticación (como una dentadura o encías enfermas) hasta la falta de algún enzima o bien por estrés.

Además, cualquier enfermedad que interfiera en la secreción del ácido clorhídrico en el estómago afecta también a la secreción de enzimas: traumatismos, quimioterapia y cirugía, enfermedades crónicas (desde fibrosis quística hasta la enfermedad celíaca), depresión o dolor crónico y estrés emocional, que puede provocar trastornos como el síndrome del intestino irritable.

Como es fácil deducir, para mejorar la digestión… hemos de obtener más enzimas. Algunos alimentos pueden ayudar, como la piña madurada de forma natural, gracias a los enzimas que contienen. La piña contiene *bromelina*, que divide las proteínas. Sin embargo, el calor durante el proceso de enlatado destruye los enzimas, así que la piña de lata no contiene bromelina.

Todos disfrutaríamos de una mejor digestión si empezáramos las comidas con una ensalada de lechuga fresca, si sólo cociéramos al vapor las verduras y utilizáramos la sal (un inhibidor de enzimas indirecto) en poca cantidad. Y si se come carne, que es el alimento que más cuesta digerir, hay que ingerir también alimentos ricos en enzimas, como la chucrut, el ajo o la cebolla.

También el tamari (salsa de soja japonesa) si no es muy salado, es uno de los agentes enzimáticos más antiguos. Otras fuentes ricas en enzimas digestivos son la papaya, la malta y los preparados que se pueden encontrar en tiendas de dietética (generalmente en cápsulas, pero también para diluir en agua o jugo de frutas).

Recordad siempre, por otra parte, que los enemigos de los enzimas son los alimentos (frutas y verduras incluidos) cultivados con agua contaminada por pesticidas. En el terreno bioquímico, los pesticidas pueden afectar a los humanos de la misma manera en que afectan a los insectos que destruyen, es decir, mediante la inhibición del enzima colinesterasa (que destruye el neurotransmisor acetilcolina).

La colinesterasa es esencial para el sistema nervioso, pero los pesticidas la destruyen. En general, la lenta intoxicación de múltiples sistemas de enzimas se produce porque nuestro entorno está contaminado por pesticidas que, por otra parte, pueden provocar hiperactividad, parálisis neuromuscular, problemas visuales, complicaciones respiratorias, dolor abdominal, vómitos, diarrea, debilidad, etc. Muchos metales pesados (plomo, mercurio...) también inhiben la actividad enzimática. Lo ideal, por tanto, es elegir los alimentos orgánicos de cultivo ecológico.

¿Nos convienen más enzimas?

Dado que los pesticidas, las condiciones de cultivo y el mal estado del suelo, la manipulación, el almacenaje y el cocinado reducen mucho el nivel de nutrientes en nuestras comidas, mucha gente toma suplementos enzimáticos (como minerales y vitaminas).

Sí; nos convienen más enzimas. Pero conviene tener bien presente que los suplementos son sólo eso, suplementos y han de tomarse siempre como complemento a una dieta equilibrada. Por ejemplo, si no digerimos o absorbemos bien lo que comemos, puede ser que necesitemos enzimas suplementarios. Hay muchos motivos para tomar enzimas, pero la mayor parte se toman como digestivos.

Cómo reactivar los enzimas en cinco pasos

1. Desintoxicación (cura depurativa o ayuno y beber muchos jugos).
2. Alimentación equilibrada y «reactivadora».
3. Suplementos enzimáticos, vitamínicos y minerales.
4. Ejercicio a diario (para aumentar la oxigenación corporal).
5. Pensamiento y actitud positivos.

¿Qué dosis se debería tomar? Todos somos diferentes y los productos enzimáticos varían en composición y potencia, así que, en este caso es casi imprescindible seguir el consejo de nuestro terapeuta y leer muy bien todas las etiquetas y prospectos. Por suerte, los enzimas suelen tolerarse bien, así que si nos provocasen flatulencia o una desagradable sensación de saciedad, tan sólo hay que reducir la dosis.

Durante mucho tiempo se creyó que los enzimas que se tomaban como suplemento no se podían absorber. Ahora se sabe que podemos absorber enzimas de distintas maneras, pero sobre todo mediante un mecanismo conocido como *pinocitosis*. En este proceso, los enzimas, después de conectarse a un receptor en la mucosa de la pared intestinal, son absorbidos por esta misma pared, conducidos a través de las células

intestinales y finalmente liberados en la sangre (es algo muy parecido a coger un ascensor para ir de un piso a otro).

En cuanto a su origen, es diverso: la piña, la papaya, fermentaciones microbianas (como los hongos *Aspergillus*). Los preparados de enzimas de los establecimientos de dietética contienen papaína, pancreatina, tripsina, bromelina, proteasa, amilasa, lipasa o lactasa, entre otros. Algunos complementos enzimáticos están totalmente protegidos para que puedan disolverse en el intestino delgado y no en el estómago.

A no ser que se trate de casos de fuerza mayor, evitad los preparados a partir del páncreas bovino o porcino.

¿Enzimas para el cerebro?

Sólo recordaros que para el cuidado y la alimentación de los neurotransmisores se requieren seis factores:

Enzimas	Vitaminas
Coenzimas	Minerales
Glucosa	Aminoácidos

Los enzimas están hechos de aminoácidos que son, nada más y nada menos, que productos resultantes de las proteínas que comemos. Estos aminoácidos son precursores de los neurotransmisores y se encuentran en la sangre si asimilamos la proteína adecuadamente.

¿Enzimas para adelgazar?

Los enzimas son los catalizadores de todas las reacciones que se producen en el cuerpo incluida la importante función del control de peso. Desgraciadamente no se ha encontrado ninguna cura para la obesidad, pero los científicos han descubierto algunas causas. En un estado de deficiencia enzimática, por ejemplo, algunos de los síntomas más frecuentes son la fatiga, el envejecimiento prematuro y el aumento de peso. Los estudios recomiendan firmemente que si tuviéramos que ajustar nuestros hábitos alimenticios a una dieta óptima, priorizando las proteínas, las vitaminas, los minerales y los enzimas en sus proporciones biológicas correctas, nuestra expectativa de vida aumentaría y tendríamos mucha más vitalidad.

Las frutas y verduras frescas tienen fibra que proporciona una sensación de saciedad. Además, su complejo contenido de hidratos de carbono desencadena la segregación de serotonina en el cerebro. Estos alimentos también son ricos en enzimas.

Ventajas del tratamiento enzimático

Los enzimas son fundamentales también a lo largo de todos los procesos y actividad del sistema circulatorio, pero no os queremos cansar más con ellos en este libro. Resumiremos, para

Qué comer y qué no comer

1. Comer mucha fruta fresca y verdura cruda (o lo menos cocida posible).

2. También conviene comer bastante ajo y cebolla (se puede evitar su efecto en el aliento con una mayor higiene bucal).

3. Reducir los alimentos que contienen inhibidores de los enzimas, como las lentejas, cacahuetes y la soja (sobre todo si es soja cruda o mal cocinada; sobre este tema véase *El libro de las proteínas vegetales*, de Montse Bradford, publicado en esta misma editorial).

4. No utilice utensilios de aluminio al cocinar.

5. Utilice la sal lo menos posible.

6. Evite el azúcar y harina refinados (y los productos elaborados con ellos).

7. Incluya en su dieta cereales integrales.

8. Beba al menos un jugo fresco, recién elaborado, cada día.

9. Evite las bebidas o comidas demasiado frías o calientes.

10. No utilice utensilios de aluminio al cocinar.

11. Evite el café. Sustitúyalo por té verde o tisanas de hierbas.

finalizar, alguna de las ventajas del tratamiento con enzimas, (¡sólo algunas!) complementados con los jugos frescos de frutas y verduras y una alimentación equilibrada en general. Los enzimas ¡recargan la baterías del organismo! Y este tipo de tratamiento:

• Es rápido, efectivo, sin efectos secundarios serios ni crónicos.

• No debilita el sistema inmunitario y es compatible con otras medicaciones.

• Puede utilizarse con pacientes diabéticos.

• Reduce la necesidad de administrar una medicación adicional contra el dolor.

• Puede administrarse a pacientes de todas las edades.

• Mejora la efectividad de los antibióticos.

• Es efectivo en el tratamiento contra el síndrome postrombótico.

• Es efectivo en el tratamiento contra las enfermedades venosas y arteriales.

• Disminuye la formación de cicatrices al cerrarse una herida.

Índice de ingredientes

Índice analítico

Bibliografía

General

Bach, Dr. J.F., *Recetas nutritivas que curan*. Avery, N. York

Berk, S., *The California Health Bar Drink Guide*. Könemann, Colonia

Beyer, K.A., *La cura de savia y zumo de limón*. Ed. Obelisco, Barcelona

Blauer, S., *The Juicing book*. Avery, N.York

Bonet, D., *Beber salud*. Ed, Ibis, Barcelona

Calbom, C., *The Juice Lady's guide to juicing for Health*. Avery Publishing Group, N.Y.

Calbom, C. *Zumos para su salud*. Avery, N. York

Carper, J., *Remedios milagrosos*. Urano, Barcelona

Charmine, S.E., *Terapia completa con zumos de frutas verduras*. Edaf, Madrid

Heinerman, J., *Enciclopedia de jugos curativos*. Prentice Hall, Nueva Jersey

Hirsch, A., *Zumos, jugos, tes y batidos para su salud*. Ed. Oniro, Barcelona

Howell, Dr. E, *Enzyme nutrition*. Avery, N. York

Kenton, L., *Desintoxicarte en 10 días*. Edaf, Madrid

Kenton, L., *La curación por los zumos*. Martínez Roca, Barcelona

Kordich, J., *El poder de los zumos*. Emecé Editores, Barcelona

Lee, W. H., *Getting the best of your Juicer*. Keats Publishing, New Canaan

Meyerowitz, S., *Juice Fasting & Detoxification*. The Sprout House, Massachussets

Meyerowitz, S., *Power juices, super drinks*. Kengsington, N. York

Pollak, J., *Healing Tonics*. Storey, Vermont

Viñas, Dr. F., *Hidroterapia, la curación por el agua*. Ed. Integral, Barcelona

Libros publicados en Océano Ámbar:

Antist, C., *Sopas Bar*

Berdonces, Dr. J.L., *Especias y plantas aromáticas*

Blasco, M., *Ayuno con zumos*

Blasco, M., *Kéfir, un yogur para rejuvenecer*

Blasco, M., *Los nuevos desayunos naturales*

Bradford, M. *Algas, las verduras del mar*

Bradford, M., *Proteínas vegetales*

Herp, B., *Áloe Vera*

Edgson, V., *En la cama con el Dr. Comida*

Marcelo, A, *Té verde*

Martín, L., *Los germinados*

Meltzner, Dr. B., *La alimentación equilibrada*

Muller, M.F., *Vinagre de sidra, quemador de grasas*

Pros, Dr. M., *Ginkgo Biloba*

Wigmore, A., *Más vitalidad con la hierba del trigo*

Términos equivalentes

A

Aceituna. Oliva.
Aguacate. Palta, panudo, sute.
Ajonjolí. Sésamo.
Alcachofa. Alcaucil.
Albaricoque. Chabacano, damasco, prisco.
Aliño. Adobo, condimento.
Alubia. Judía blanca, habichuela, poroto.
Azafrán. Camotillo, cúrcuma, yuquillo.
Azúcar moreno. Azúcar negra.

B

Batata. Camote, papa dulce.
Bechamel. Besamel, salsa blanca.
Berro. Balsamita, mastuerzo.
Bizcocho. Biscote, bizcochuelo.
Bocadillo. Emparedado, sandwich.
Boniato. Camote, papa dulce.
Brécol. Brecolera, brócul, brócoli.
Brocheta. pinchito, pincho.
Budín. Cake.

C

Cacahuete. Cacahuate, cacahuey, maní.
Cacao. Cocoa.
Calabacín. Calabacita, hoco, zapallito.

Calabaza. Zapallo.
Canela en polvo. Canela molida.
Cereza. Guinda.
Champiñón. Callampa, hongo.
Cilantro. Culantro, coriandro
Ciruela pasa. Ciruela seca.
Clavo de especias. Clavo de olor.
Cogollo. Corazón.
Col. Repollo.
Col lombarda. Col morada.
Coles de Bruselas. Repollitos de Bruselas.
Condimento. Adobo, aliño.
Confitura. Dulce, mermelada.
Crepe. Crepa, panqueque.
Cúrcuma. Azafrán, camotillo, yuquillo.
Curry. Carry.
Cuscús. Alcuzcuz.

E

Empanada. Empanadilla.
Endibia. Alcohela, escarola.
Enebro. Junípero, grojo, cada.
Escalibado. Asado, a la brasa.
Escarola. Alcohela, endibia
Espaguetis. Fideos largos, tallarines.

Estragón. Dragoncillo.

F
Fresa. Amiésgado, fraga, frutilla, metra.

G
Guindilla. Ají, chile.
Guisante. Arveja, chícharo

H
Habichuela. Frijol, fríjol, fréjol, poroto.
Haba. Faba.
Hamburguesa. Doiche.
Harina. Harina de trigo.
Harina de maíz. Fécula de maíz.
Hierbabuena. Menta fresca, yerbabuena.
Higo. Breva, tuna.
Hinojo. Finojo, finoquio.

J
Jengibre. Cojatillo.
Judías verdes. Chauchas, peronas, porotos verdes.
Judía blanca. Alubia, habichuela, poroto.
Jugo. Zumo.

L
Levadura en polvo. Polvo de hornear.
Loncha. Feta, lonja.

M
Macarrones. Amaretis, mosta-chones.
Maicena. Harina de maíz.
Maíz. Abatí, guate, mijo.
Maíz tierno. Choclo, elote.
Mandarina. Clementina.
Maní. Cacahuate, cacahuete, cacahuey.
Mazorca. Panocha, elote.
Melocotón. Durazno.
Menta fresca. Yerbabuena, hierbabuena.
Mermelada. Confitura, dulce.
Mijo. Abatí, guate, maíz.

N
Nabo. Coyocho, naba.
Natilla. Chunio.
Nuez moscada. Macis.

O
Oliva. Aceituna.
Olla. Cocido, puchero.
Orejón. Huesillo.

P
Pan integral. Pan negro.
Panocha. Mazorca.
Papaya. Lechosa.

Pasas. Uvas pasas.
Patata. Papa.
Pepino. Cohombro.
Perifollo. Cerafolio.
Pimentón. Color, paprika.
Pimiento. Ají.
Piña. Ananá.
Plátano. Banano.
Polenta. Chuchoca, sémola de maíz.
Pomelo. Pamplemusa, toronja.
Puerro. Ajo puerro, porro, poro.

R

Rábano. Rabanito.
Ravioles. Raviolis
Remolacha. Beterraga, betabel.

S

Sandía. Patilla.
Sémola de maíz. Chuchoca, polenta.
Seta. Níscalo.
Soja. Soya.

T

Tarta. Torta.
Tartaleta. Tortita, torta pequeña.
Taza de café. Pocillo de café.
Tomate. Jitomate.
Tomillo. Ajedrea, hisopillo.

U

Uva pasa. Pasita.

Z

Zumo. Jugo.

Nota final

Hace algo más de tres años hablé con Claudia Antist sobre la posibilidad de que escribiera un libro sobre bebidas saludables con frutas y verduras. Ella disponía de algún material y yo conservaba las recetas de jugos que había escrito para las revistas *Integral* y *CuerpoMente* a lo largo de más de veinte años con el seudónimo de Rodolfo Román.

Al principio, mis amigos y compañeros cofundadores de Integral, todos ellos médicos o estudiantes de medicina, tuvieron la gentileza de aceptar aquellos textos de su editor que, si bien eran muy sencillos, estaban escritos con la pasión y el ímpetu del naturista militante. Hasta el punto de que aquella generosidad se convirtió en una costumbre: Rodolfo reaparecía periódicamente, casi todos los años, con alguna bebida más o menos inédita. Tiempo después, tras la venta de la empresa, recogí aquel material en «Jugoterapia», un monográfico de la revista *Vital* que tuvo mucho éxito.

Pero volvamos a este libro. Cuando Claudia entregó los textos y teníamos ya todo preparado para imprimir el texto que hoy, amigos lectores y lectoras, tenéis en vuestras manos, me di cuenta de que faltaba algo.

En los últimos años he podido disfrutar mucho más de esas deliciosas bebidas *en la práctica*; así, la experiencia de combinar batidora, exprimidor y licuadora se ha enriquecido, dentro del vaso, con el sabor del jengibre y la fuerza, en pequeñas dosis, de la espirulina.

Y sobre todo, se ha completado con el hallazgo de los efectos de suplementos dietéticos como la coenzima Q-10, junto a unas cuantas vitaminas y antioxidantes. Puedo asegurar que, en mi caso, esos pequeños descubrimientos se han revelado como un aliado muy útil en pro de la salud.

Así que decidí aplazar la edición del libro hasta completarlo con el fruto de esa experiencia. Finalmente, se incluyen aquí por primera vez tanto las recetas y el excelente sabor y virtudes de los jugos como su utilización, poderosamente vigorizante, en la vida diaria. Podemos por fin recomendar algo más que jugos: **superjugos**.

¡Que los disfrutéis!
Jaume Rosselló.